Das Budgetrecht

nach den

Bestimmungen der Preussischen Verfassungs-Urkunde

unter Berücksichtigung

der

Verfassung des Norddeutschen Bundes.

Von

Dr. Paul Laband

ord. Professor der Rechte zu Königsberg.

(Separat-Abdruck aus der Zeitschrift für Gesetzgebung und Rechtspflege in Preußen.)

Berlin.

Verlag von J. Guttentag.

1871.

Inhalts-Uebersicht.

Einleitung.

Wenn die immer und immer wiederholte Behauptung, daß das Budgetrecht der Eckstein und die Grundlage aller Rechte der Volksvertretung, der Mittelpunkt des konstitutionellen Staatsrechtes sei, wirklich wahr ist, oder auch nur Verbreitung und Glauben findet, so ist das allgemeine, weit über die Grenzen eigentlich juristischer Kreise hinaus reichende Interesse, welches sich diesem Theile des Staatsrechtes zugewendet hat, wohlbegründet und erklärlich. Für Preußen insbesondere hat der jahrelange Verfassungs-Konflikt, welcher sich an die Ausübung des Budgetrechts Seitens des Landtages anknüpfte, diesem Rechte eine ungewöhnliche politische, ja historische Bedeutung verliehen.

Dieses eminent politische Hervortreten des Budgetrechts aus dem Kreise der übrigen staatsrechtlichen Lehren ist für die unbefangene und sachgemäße Erkenntniß desselben keineswegs günstig gewesen. Politische Wünsche und Bestrebungen drängten sich unwillkührlich auf und verwirrten, bei allem Bemühen, sich auf dem Standpunkte des positiven Rechts zu erhalten, die juristische Auffassung. Die Verbindung politischer Ideale mit Deduktionen des positiven Rechts ist aber ebensowohl für die Politik als für die Erkenntniß des Rechts vom größten Nachtheil. Für die Erreichung politischer Ziele ist es überaus gefährlich, wenn man sich in den Wahn einwiegt, dasjenige schon positiv als Recht zu besitzen, was man als Forderung für eine gedeihliche Organisation des Staates aufstellen zu müssen glaubt. Die Enttäuschung schließt regelmäßig eine politische Niederlage in sich. Besser und klüger ist es, sich keine Illusionen über das positive Recht zu machen; auch solche Sätze desselben, welche mit bestimmten politischen Anschauungen und Wünschen nicht harmoniren, als geltend anzuerkennen und gerade deshalb auf Verbesserungen durch die Gesetzgebung hinzuwirken. Nur dann gewinnt man klare Einsicht, welche Wege einzuschlagen, welche Punkte in das Auge zu fassen sind, um sicher und wirksam das zu erreichen, was man anstrebt.

Für die juristische Erkenntniß aber ist es nothwendig, daß man sich ausschließlich und allein von dem Bestreben leiten läßt, die Rechtswahrheit zu finden, unbekümmert darum, wie sich dieselbe zu den Wünschen, Tendenzen und Doktrinen der politischen Parteien verhält. Will man zur Lösung wissenschaftlicher Probleme gelangen, so muß man darauf resigniren, zugleich noch irgend einer andern Herrin dienen zu wollen, als der Wissenschaft selbst. Stimmen die gefundenen Rechtssätze mit den eigenen politischen Anschauungen und Wünschen überein, so mag dies erfreulich sein, muß aber zu um so strengerer Prüfung der Gründe veranlassen. Zeigt sich dagegen eine Disharmonie zwischen dem, was man als Recht erkennt, von dem, was man aus politischen Gründen als Recht wünscht, so darf man diese Disharmonie nicht deshalb ableugnen, weil sie unangenehm ist.

So lange das Budgetrecht den Gegenstand einer brennenden, das Volk in allen Schichten aufregenden Tagesfrage bildete, war eine Untersuchung desselben, welche die rechtliche Seite und die politische auseinanderhält, schwer, vielleicht unmöglich. Noch schwerer, noch unmöglicher aber wäre es gewesen, daß eine solche Untersuchung unbefangene Leser gefunden hätte. Jeder hatte seinen politischen Standpunkt gewählt und nur von ihm aus war ihm der Anblick der Sache möglich. Gegenwärtig ist der Konflikt beendet, ja man kann glücklicherweise sagen, von der Masse des Volkes beinahe vergessen. Das Budgetrecht hat auf der politischen Bühne anderen, noch unendlich wichtigeren Fragen Platz gemacht. An seiner Wichtigkeit hat es nichts eingebüßt; aber die brennende Gluth des Parteikampfes, welche eine ruhige und sorgsame Untersuchung zur Unmöglichkeit machte, hat sich abgekühlt.

So sei es denn gewagt, die nachfolgenden Erörterungen Juristen und Politikern vorzulegen, ohne die Prätension, über die Berechtigung irgend welcher politischen Richtung und Parteibestrebung den Stab zu brechen; aber mit der Bitte, daß man sich andererseits nicht durch politische Axiome und Wünsche an der unbefangenen Prüfung der gefundenen Resultate beirren lasse.

I.

Der Art. 99 der Preuß. Verfassungsurkunde bestimmt:

> „Alle Einnahmen und Ausgaben des Staats müssen für jedes Jahr im Voraus veranschlagt und auf den Staatshaushalts-Etat gebracht werden.
>
> Letzterer wird jährlich durch ein Gesetz festgestellt."

Im Wesentlichen gleichlautend ist der Art. 69 der Norddeutschen Bundesverfassung:

> „Alle Einnahmen und Ausgaben des Bundes müssen für jedes Jahr veranschlagt und auf den Bundeshaushalts-Etat gebracht werden.
>
> Letzterer wird vor Beginn des Etatsjahres nach folgenden Grundsätzen durch ein Gesetz festgestellt."

In Folge dieser Bestimmungen wird alljährlich ein „Gesetz“, betreffend die Feststellung des Haushalts-Etats des Preußischen Staates, und ein „Gesetz“, betreffend die Feststellung des Haushalts-Etats des Norddeutschen Bundes erlassen.

In den gesperrt gedruckten sieben Worten der Preußischen Verfassung ist das Budgetrecht des Preußischen Landtages grundgesetzlich festgestellt; auf ihnen beruht das Recht des Landtages zur Mitwirkung bei der Feststellung des Etats; um ihre Auslegung drehen sich die wichtigsten staatsrechtlichen Streitfragen und politischen Konflikte.

Der Wortlaut spricht nicht direkt und ausdrücklich aus, daß der Landtag an der Feststellung des Etats einen Antheil habe, sondern nur indirekt und stillschweigend, indem er die Feststellung des Etats durch ein Gesetz vorschreibt. Den Ausgangspunkt der Untersuchung muß daher die Ermittlung bilden, welche Bedeutung der Ausdruck „Gesetz“ in der Preuß. Verfassungsurkunde überhaupt und im Art. 99 insbesondere hat.

Das Wort „Gesetz“ ist sehr viel älter als die konstitutionelle Staatsform und namentlich in Deutschland allgemein gebraucht und verstanden worden, ehe man an eine Beschränkung des Landesherrn durch eine parlamentarische Körperschaft dachte. Es hat in dieser Zeit daher selbstverständlich auch gar keine Beziehung zu den Rechten der Volksvertretung, sondern es bedeutet den Ausspruch eines Rechtssatzes, die gewollte und bewußte Festsetzung einer Norm. Sein Gegensatz ist das Gewohnheitsrecht, das ist der Inbegriff der im Volksbewußtsein lebenden Rechtsnormen, die von der Staatsgewalt nicht fixirt und ausgesprochen worden sind; der höhere, sowohl Gesetz als Gewohnheitsrecht umfassende Begriff ist der der Rechtsquelle. Nicht jede Aeußerung des Staatswillens ist demnach ein Gesetz, sondern nur diejenige, deren Inhalt ein Rechtssatz, eine Norm zur Regelung oder Entscheidung von Rechtsverhältnissen ist. Es wird niemals Jemandem in den Sinn kommen, ein richterliches Erkenntniß oder die Verfügung einer Verwaltungsbehörde als „Gesetz“ zu bezeichnen; es sind dies vielmehr Anwendungen von Gesetzen. Noch weniger wird eine Bethätigung der Regierungs-Gewalt z. B. die Anstellung von Beamten, oder die Beglaubigung von Gesandten, oder die Anschaffung von Waaren für den Verbrauch im Betriebe der Staatsanstalten oder der Abschluß eines Vertrages mit einer andern Macht als Gesetz bezeichnet werden können. Die Vereinbarung von völkerrechtlichen Verträgen, der Abschluß von Lieferungs-Kontrakten, die Leistung von Zahlungen; die Patente über die erfolgte Anstellung im Staatsdienste u. s. w. sind zwar Aeußerungen des Staatswillens, die zum Theil unmittelbar vom Staatsoberhaupte ausgehen, aber es sind keine Gesetze, denn sie enthalten keine Rechtssätze.

Es ist allerdings für den Begriff eines Gesetzes nicht erforderlich, daß es allgemeine Rechtsnormen aufstellt; es giebt zahllose Gesetze, welche nur für bestimmte Klassen von Personen oder für eng begrenzte Gebiete Geltung haben und es ist durchaus kein begriffliches Hinderniß vorhanden, ein einzelnes konkretes Rechtsverhältniß durch ein Gesetz zu normiren, so daß das letztere nur auf einen einzigen Fall Anwendung findet.

Eben so wenig gehört es zum Begriff eines Gesetzes, daß es dauernde Rechtsnormen aufstellt. Es ist durchaus zulässig und in zahlreichen Fällen unvermeidlich, sog. Uebergangsbestimmungen in die Gesetze aufzunehmen oder gesetzliche Vorschriften für einen kurz bemessenen Zeitraum zu erlassen. Man kann also nicht behaupten, daß es der Natur des Gesetzes widerspreche, wenn es nur für ein Jahr gegeben werde.

Das Gesetz kann unter Umständen materiell einer Verwaltungsmaßregel gleichkommen oder mit ihr dem Inhalt nach zusammenfallen, namentlich wenn es singuläre, nach dem geltenden allgemeinen Recht unzulässige, für das Staatswohl aber nothwendige Maßregeln ermöglichen soll. Ein Beispiel dafür ist das Gesetz über die Beschlagnahme des Vermögens des ehemaligen Königs von Hannover.

Diejenige Anordnung der Staatsgewalt aber, die überhaupt keine Rechtsnorm enthält, die keine, auf einen bestimmten Thatbestand anwendbare Regel ausspricht, ist kein Gesetz in dem bisher erörterten Sinn.

Das wesentliche Kriterium des Gesetzes besteht demnach in dem Inhalte, ist also ein materielles. In welcher Form der Staat eine Rechtsregel ausspricht, macht keinen Unterschied, wofern diese Form nur an sich eine gültige ist. Vor Einführung der konstitutionellen Verfassungsform wurden daher in Preußen als gleichbedeutend mit dem Ausdruck Gesetz die Bezeichnungen: Kabinets-Ordre, Edikt, Verordnung, Allerhöchster Erlaß u. dgl. gebraucht, und es hat wohl Niemand jemals die sonderbare Vorstellung gehabt, daß unter den „Preußischen Gesetzen" nur diejenigen Anordnungen zu verstehen seien, die sich etwa ausdrücklich selbst als Gesetz bezeichnen. Auch nach Einführung der Verfassungs-Urkunde ist dieser Sprachgebrauch nicht verschwunden, ja man versteht sogar unter Gesetzen, wenn sich nicht aus dem Zusammenhang, in welchem dieser Ausdruck gebraucht wird, ein engerer Sinn ergiebt, den Inbegriff aller Rechtssätze, selbst mit Einschluß des Gewohnheitsrechts und der übrigen Arten des ungeschriebenen Rechts, und mit Einschluß der lokalen Verordnungen der Polizei- und Regierungsbehörden. Denn, wenn z. B. an zahlreichen Stellen des Allgemeinen Deutschen Handelsgesetzbuchs und vieler anderer Bundesgesetze auf die „Landesgesetze" verwiesen wird, so hat noch Niemand bezweifelt, das darunter das gesammte Recht des betreffenden Staates, geschriebenes und ungeschriebenes, zu verstehen ist. Auch die Preußische Verfassung selbst gebraucht das Wort „Gesetz" in diesem Sinne, so z. B. in den Bestimmungen des Art. 4: „Alle Preußen sind „vor dem Gesetze" gleich." Art. 7. Niemand darf seinem gesetzlichen Richter entzogen werden. Art. 8. Strafen können nur in Gemäßheit des Gesetzes angedroht oder verhängt werden. Art. 9. Das Eigenthum darf nur aus Gründen des öffentlichen Wohles — — nach Maßgabe des Gesetzes entzogen oder beschränkt werden. u. s. w.

Seit Annahme der konstitutionellen Verfassung ist nun aber der Begriff des Gesetzes eingeschränkt oder, da der alte Begriff, wie wir gesehen haben, nicht beseitigt worden ist, eine neue engere Bedeutung des

Wortes eingeführt worden. Es ist der oberste Grundsatz und das eigentliche Wesen der konstitutionellen Monarchie, daß der Souverain keine neuen Rechtssätze ohne Zustimmung der Landesvertretung anordnen kann. Die „Ausübung der gesetzgebenden Gewalt" ist an die Mitwirkung des Landtages gebunden; Art. 62 der Preußischen Verfassung erklärt: „Die Uebereinstimmung des Königs und beider Kammern ist zu jedem Gesetze erforderlich." Nun kann aber nach derselben Preußischen Verfassung und den Verfassungen aller konstitutionellen Staaten die Anordnung von Rechtssätzen bekanntlich in gewissen Fällen auch ohne Mitwirkung und Zustimmung der Kammern erfolgen. Nach Art. 45 der Preußischen Verfassung steht es dem Könige zu, die zur Ausführung der Gesetze nöthigen Verordnungen, also Rechtsvorschriften innerhalb des von den Gesetzen gezogenen Rahmens zu erlassen.

Gemäß Art. 63 derselben Verfassung steht dem Könige sogar das Recht zu, auch außerhalb dieser Schranken

> wenn die Aufrechterhaltung der öffentlichen Sicherheit oder die Beseitigung eines ungewöhnlichen Nothstandes es dringend erfordert, insofern die Kammern nicht versammelt sind, unter Verantwortlichkeit des gesammten Staatsministeriums, Verordnungen, die der Verfassung nicht zuwiderlaufen, mit Gesetzeskraft zu erlassen, welche den Kammern bei ihrem nächsten Zusammentritt zur Genehmigung sofort vorzulegen sind.

Endlich haben die Polizeibehörden und Regierungen bekanntlich innerhalb eng gezogener Grenzen ein Verordnungsrecht, das man als eine delegirte Gesetzgebungs-Gewalt zu bezeichnen pflegt.

Es ist also zweifellos, daß nicht zu jedem Gesetz, wenn man das Wort in dem entwickelten Sinne versteht, die Zustimmung der Kammern erforderlich ist, daß vielmehr die Mitwirkung der Kammern bei dem Zustandekommen eines Gesetzes nur die Regel ist, von welcher gewisse Ausnahmen anerkannt sind. Die Verfassungs-Urkunde nennt die Feststellung von Rechtsvorschriften ohne Zustimmung der Kammern „Verordnungen" und damit stimmt der allgemeine Sprachgebrauch, der namentlich in der Rechtswissenschaft schon lange Zeit herrschend ist, überein.[1]) Aus dieser Unterscheidung ergiebt sich daher für den Begriff des Gesetzes im engeren Sinn ein formelles Merkmal, die Uebereinstimmung der Krone und des Landtages.[2])

Hieran schließt sich nun aber folgende Betrachtung.

Durch die Einführung der konstitutionellen Verfassungsform ist der

---

[1]) Sehr deutlich ist dieser Gegensatz markirt im Art. 37 der Preußischen Verfassung. „Der Militair-Gerichtsstand des Heeres beschränkt sich auf Strafsachen und wird durch das Gesetz geregelt. Die Bestimmnngen über die Militair-Disciplin im Heere bleiben Gegenstand besonderer Verordnungen."

[2]) Eine geistreiche aber einseitige Entwicklung dieses formellen Begriffes von Gesetz giebt Lor. Stein. Verwaltungslehre. I. Theil. (1865) S. 50 ff. Vgl. auch Gneist, Verwaltung, Justiz, Rechtsweg. Berlin 1869. S. 70 folg. Scharfsinnige jedoch resultatlose Untersuchungen über den Begriff des Gesetzes enthalten die „Studien über das preußische Staatsrecht" von Dr. E. A. Chr. in Aegidi's Zeitschrift f. deutsches Staatsrecht. 1. (einziger) Band. Berlin 1867. S. 196 ff.

Begriff der Gesetze nicht erweitert, sondern eingeengt worden. Es ist zu dem materiellen Erforderniß des Begriffes, daß das Gesetz seinem Inhalte nach die Aufstellung einer Rechtsregel ist, ein äußerliches, formelles hinzugekommen. Unter den Gesetzen im älteren Sinne ist eine besondere, durch die Form ihres Zustandekommens qualifizirte Art ausgezeichnet, die nun Gesetze im engeren oder konstitutionellen Sinn heißen. Daraus folgt, daß eine Aeußerung des Staatswillens, die überhaupt nicht unter den Begriff der Rechtssatzung, also des Gesetzes im weiteren Sinne des Wortes fällt, auch dadurch, daß dieser Staatswille unter Uebereinstimmung der Krone und der Volksvertretung ausgesprochen wird, diesen Charakter nicht erlangen kann. Denn was sich dem Genus nicht unterordnen läßt, kann auch keiner, zu diesem Genus gehörenden Spezies untergeordnet werden. Es hängt auch keineswegs vom Belieben des Gesetzgebers ab, etwas, was seinem Inhalt nach kein Gesetz ist, und kein Gesetz sein kann, dadurch allein, daß er es Gesetz nennt, zum Gesetz zu machen. Die Verleihung eines Ordens, die Ernennung eines Beamten, die Erklärung eines Krieges, die Begnadigung eines Verurtheilten, sind keine Gesetze, selbst wenn sie als solche bezeichnet werden sollten. Nun ist es aber sachlich durchaus möglich, daß auch solche Willensakte des Staates, die ihrem Inhalte nach keine Gesetzgebung sind, nur im Falle der Uebereinstimmung der Krone und des Landtages ausgeübt werden; und ebenso möglich ist es, daß durch die Verfassung selbst dem Monarchen die Ausübung derartiger Willensakte ohne Zustimmung der Landesvertretung untersagt wird. Es ist dann eine natürliche Folge davon, daß der Monarch bei der Erklärung eines solchen Willens auf die erlangte Zustimmung des Landtages sich ausdrücklich beruft, *grade so, wie* bei dem Erlaß eines Gesetzes. In solchen Fällen wird daher *die Form der Gesetzgebung* angewendet auf Akte, die keine Gesetze sind, d. h. die *materiell* nicht unter den Begriff der Gesetze fallen, sondern Handlungen der Verwaltung sind und bleiben.

Ein sehr deutliches Beispiel dafür bietet die Verleihung von Dotationen nach dem Kriege von 1866 an den Minister-Präsidenten und an mehrere Generale. Die Verleihung einer Remuneration ist niemals und unter keinen Verhältnissen ein „Gesetz"; denn eine Schenkung ist eine Handlung und keine Rechtsregel. So wenig es irgend ein vernünftiger Mensch für ein „Gesetz" erachten wird, wenn ein Postbote zu Weihnachten 5 Thaler, oder ein Sekretair 50 Thaler für tadellose Erfüllung der Dienstpflichten erhält, so wenig ist es ein Akt der Gesetzgebung, wenn ein General für eine gewonnene Schlacht eine Viertel Million Thaler bekommt. Da nun aber dem Könige die Verfügung über die Geldmittel des Staates ohne Zustimmung der Kammern zu Zwecken, die nicht durch die bestehende Ordnung des Staates geboten sind, nicht freisteht, so bedurfte er zur Vertheilung von Dotationen der Genehmigung der Kammern. Sobald diese Genehmigung ertheilt war, erschien das

„*Gesetz* vom 28. Dezember 1866, betreffend die Verleihung von

Dotationen in Anerkennung hervorragender, im letzten Kriege erworbener Verdienste.“

Dieses Gesetz ist aber nichts als eine Resolution, durch welche beide Häuser ihre Zustimmung zu dem Vorschlag des Königs erklären, aus den eingehenden Kriegs-Entschädigungen 1½ Million Thaler an den Grafen von Bismarck und fünf namhaft gemachte Generale zu vertheilen und die Konstatirung dieser Zustimmung durch die Gesetzsammlung. Es wurde formell dasselbe Verfahren beobachtet, wie es bei dem Zustandekommen eines Gesetzes vorgeschrieben ist; materiell aber wurde kein Gesetz erlassen, sondern eine Handlung freier Regierungsthätigkeit vollzogen.

Aus dem Bereich der Bundesregierung liefert ein ebenso anschauliches Beispiel die Subvention der Gotthard-Eisenbahn. Die Zahlung einer Geldsumme zur Unterstützung eines Eisenbahn-Baues und der Abschluß einer Konvention über den Bau der Bahn mit einer fremden Regierung ist materiell ganz unzweifelhaft ein Akt der Verwaltung und niemals der Gesetzgebung. Da die Bundesregierungen aber ohne Zustimmung des Reichstages über Geldmittel zur Subventionirung der Bahn nicht verfügen können, so wurde die Einwilligung des Reichstages zur Zusicherung von 10 Millionen Franks eingeholt und nachdem dieselbe ertheilt worden war, dies im Bundesgesetzblatt konstatirt durch das

„Gesetz, betreffend die St. Gotthard-Eisenbahn, vom 31. Mai 1870.“

Es ergiebt sich hiernach, daß man den Ausdruck „Gesetz“ der Kürze wegen auch anwenden kann, wenn man lediglich die Feststellung oder das Erforderniß einer Willensübereinstimmung zwischen dem Könige und den beiden Häusern des Landtages oder zwischen dem Bundesrathe und dem Reichstage andeuten will. In diesem Falle ist das begriffliche Merkmal des Gesetzes ein rein formelles; es kann daher nicht davon die Rede sein, daß alle Rechtssätze, welche hinsichtlich der Gesetze im materiellen Sinne des Wortes gelten, auch Anwendung finden müßten oder könnten auf Handlungen der Staatsgewalt, die gar keine Gesetze im materiellen Sinne des Wortes sind, sondern nur deshalb Gesetze heißen, weil sie die Formen der Gesetzgebung erborgt haben.

Die Preußische Verfassungs-Urkunde enthält eine Anzahl von Bestimmungen, in denen dieser Begriff und Sprachgebrauch sich sehr deutlich ausspricht.

Vollkommen klar und vor jedem Mißverständniß gesichert ist die Fassung des Art. 48:

> Verträge mit fremden Regierungen bedürfen zu ihrer Gültigkeit der Zustimmung der Kammern, sofern es Handels-Verträge sind, oder wenn dadurch dem Staate Lasten oder einzelnen Staatsbürgern Verpflichtungen auferlegt werden.

Hier ist der Gebrauch des Wortes „Gesetz“ oder „Gesetzgebung“ vermieden; Verträge mit fremden Staaten sind auch an sich niemals Gesetze, sondern höchstens Vereinbarungen über eine gewisse Gesetzgebung, welche in den kontrahirenden Staaten gleichmäßig erlassen werden soll; der Vertrags-Abschluß ist daher niemals ein Gesetzgebungs-Akt, sondern eine Aeußerung der freien Regierungsthätigkeit. Aber die Regierung ist in den im Art. 48 bezeichneten Fällen unter dem Präjudiz der Ungiltigkeit der von ihr abgeschlossenen Verträge an die Zustimmung der Kammern gebunden.

In einem begrifflich ganz ähnlichen Falle findet sich in der Verfassung aber eine durchaus andere Formulirung desselben Gedankens:

> Art. 103. Die Aufnahme von Anleihen für die Staatskasse findet nur auf Grund eines Gesetzes statt. Dasselbe gilt von der Uebernahme von Garantien zu Lasten des Staats.

Geld borgen und Bürgschaft leisten fallen niemals und unter keinen Umständen unter den Begriff der Gesetze, sondern unter den der Verträge; es sind keine Rechtsregeln, sondern Rechtsgeschäfte, sie sind also niemals Akte der Gesetzgebung, sondern der Verwaltung. Ob eine Unterbehörde Kreditgeschäfte schließt, was ja täglich in zahlreichen Fällen durch den Geschäftsbetrieb erforderlich wird, oder ob das Finanz-Ministerium Darlehen aufnimmt, kann juristisch keinen Unterschied begründen. Die Regierung soll aber zum Abschluß derartiger Verträge, wie sie Art. 103 aufführt, die Zustimmung beider Kammern einholen. Dies drückt der Art. 103 aus, daß die Aufnahme von Anleihen 2c. nur auf Grund eines Gesetzes stattfindet.[3]) Der Sinn ist aber offenbar ganz derselbe, den der oben citirte Art. 48 viel treffender in die Worte kleidet, daß solche Verträge zu ihrer Gültigkeit der Zustimmung der Kammern bedürfen. Statt der üblichen Form „Anleihe-Gesetze“ zu erlassen, könnte mit ebenso vielem Recht der Weg eingeschlagen werden, daß die Regierung den mit den Darlehnsgebern vereinbarten Vertrag den Kammern vorlegt und diese ihre Genehmigung dazu ertheilen, ebenso wie zu Handelsverträgen. Die Festhaltung dieses Sinnes des Art. 103 ist nicht ohne praktische Wichtigkeit. Denn Gesetze können vom Gesetzgeber durch neue Gesetze wieder aufgehoben oder abgeändert werden, sie unterliegen der freien Willensentschließung des Gesetzgebers; Verträge können ohne Zustimmung beider Kontrahenten nicht aufgehoben oder verändert werden. So wenig nun Verträge mit fremden Regierungen von dem Preußischen Staate durch Gesetzgebungsakte verletzt werden dürfen, da sie den Staat als solchen verpflichten, ebenso wenig liegt es in der Befugniß des Gesetzgebers, die Rechte der Staatsgläubiger ohne deren Willen zu schmälern. Es zeigt sich darin die Wirkung des Satzes, daß das Geld nicht auf Grund eines Gesetzes, wie der Art. 103 sagt, sondern auf Grund eines von dem Landtage (im Voraus) genehmigten Vertrages geliehen ist.

Ein anderes Beispiel bietet die Vergleichung des Art. 55 mit dem Art. 2 der Verfassung.

Während Art. 55 vollkommen richtig sagt:

> Ohne Einwilligung beider Kammern kann der König nicht zugleich Herrscher fremder Reiche sein,

bestimmt Art. 2:

---

[3]) Die Norddeutsche Bundes-Verfassung Art. 73 sagt: In Fällen eines außerordentlichen Bedürfnisses können im Wege der Bundesgesetzgebung die Aufnahme einer Anleihe, sowie die Uebernahme einer Garantie zu Lasten des Bundes erfolgen.

die Grenzen des Staatsgebiets können nur durch ein Gesetz verändert werden,

während auch hier der Sinn zweifellos der ist, Einverleibungen, Abtretungen, Austausche von Gebietstheilen sind Regierungshandlungen, zu welchen die Genehmigung des Landtages eingeholt werden muß; denn wenn „Gesetze“ im Stande wären, die Grenzen des Staatsgebietes zu verändern, so hätte man wohl niemals die Klage „mein Vaterland muß größer sein“ zu vernehmen gehabt.

Endlich kann auch noch auf Art. 49 hingewiesen werden. Das Recht der Begnadigung und Strafmilderung ist dem Könige unabhängig von dem Landtage eingeräumt, soweit es sich um die Vollstreckung bereits erkannter Strafen handelt. Zu Gunsten eines wegen seiner Amtshandlungen verurtheilten Ministers kann dieses Recht aber nur ausgeübt werden auf Antrag, d. h. unter vorgängiger Zustimmung derjenigen Kammer, von welcher die Klage ausgegangen ist; und zur Niederschlagung bereits eingeleiteter Untersuchungen, so daß es zu einem Urtheile überhaupt nicht kömmt, ist der König nur unter Zustimmung beider Kammern befugt. Dies drückt der Art. 49 Abs. 3 aus:

Der König kann bereits eingeleitete Untersuchungen nur auf Grund eines besonderen Gesetzes niederschlagen.

Es bedarf keiner weiteren Ausführung, daß auch hier das „besondere Gesetz“ nicht die Aufstellung und Normirung einer Rechtsregel, sondern die Zustimmung des Landtages zu einer Regierungs-Maßregel, zu einem Akt der Staats-Verwaltung, bedeutet.

Während in den angeführten Stellen die Preußische Verfassung von „Gesetzen“ spricht, obgleich sie nur die Uebereinstimmung von Regierung und Landtag meint, so daß sie richtiger nur die Form oder „den Weg der Gesetzgebung“ hätte vorschreiben sollen, wendet sie in anderen Fällen diesen letzteren Ausdruck an, wo ein Gesetz im eigentlichsten Sinne des Wortes zu verstehen ist.

Art. 27, Abs. 2. Die Censur darf nicht eingeführt werden, jede andere Beschränkung der Preßfreiheit nur im Wege der Gesetzgebung.

Art. 30, Abs. 3. Politische Vereine können Beschränkungen und vorübergehenden Verboten im Wege der Gesetzgebung unterworfen werden.

Art. 91, Abs. 1. Gerichte für besondere Klassen von Angelegenheiten, insbesondere Handels- und Gewerbegerichte sollen im Wege der Gesetzgebung an den Orten errichtet werden, wo das Bedürfniß solche erfordert.

Die rechtlich anerkannten Schranken der sog. Preßfreiheit und des Vereins- und Versammlungsrechts, die Organisation und Kompetenz-Bestimmung von Gerichtshöfen sind ihrer inneren Natur nach Rechtsregeln; die Formulirung und Feststellung derselben ist daher mit logischer Nothwendigkeit ein Akt der Gesetzgebung, von dem es sich von selbst versteht, daß er nur auf dem Wege der Gesetzgebung erfolgen kann. Der Sinn der angeführten Verfassungs-Artikel kann daher, wenn man denselben nicht eine ganz leere Trivialität unterschieben will, nur der sein, daß in den, in jenen Artikeln berührten Beziehungen das Recht zu Verordnungen ausdrücklich ausgeschlossen werden sollte. Die allgemeine Regel des Art. 62 wird für einige Fälle, die man zur Zeit der Abfassung der Verfassungs-Urkunde für besonders wichtig hielt, noch speziell eingeschärft. Der wahre Gedanke der Verfassung wäre deutlicher zum Ausdruck gekommen, wenn man eine negative Fassung gewählt, also etwa gesagt hätte:

> Beschränkungen der Preßfreiheit und der politischen Vereine dürfen nicht ohne Zustimmung der beiden Kammern eingeführt werden,

oder

> dürfen nicht durch Verordnungen des Königs oder der Behörden eingeführt werden.[4])

Auch in diesen Fällen hat daher die Verfassungs-Urkunde bei dem Gebrauch der Worte „Gesetz" oder „Gesetzgebung" lediglich das formelle Kriterium derselben, d. h. die Art ihres Zustandekommens im Auge, nicht eine Abgrenzung des materiellen Gebiets der Gesetzgebung gegenüber den andern Funktionen des Staates.

Dasselbe Resultat gewinnt man auch aus einer anderen Erwägung allgemeinerer Art. Als die Verfassung errichtet wurde, kam es in erster Linie darauf an, die Befugnisse des neuen, dem Staate einverleibten Organs, der Volksvertretung, festzustellen. Nach der damals noch fast allgemein herrschenden Doktrin von der Theilung der Gewalten und gemäß der im französischen Staatsrecht ausgebildeten Terminologie wurde die staatsrechtliche Bedeutung der Kammern in ihrem Antheil an der Gesetzgebung erblickt. Natürlich kann hier Gesetzgebung nur im materiellen Sinne verstanden werden, d. h. daß jede Abänderung und Fortbildung der Rechtsordnung unter Mitwirkung der Volksvertretung erfolgen müsse. Diesen materiellen Sinn hat daher das Wort auch in dem Art. 62 der Preußischen Verfassung:

> „Die gesetzgebende Gewalt wird gemeinschaftlich durch den König „und durch zwei Kammern ausgeübt. Die Uebereinstimmung des „Königs und beider Kammern ist zu jedem Gesetz erforderlich."

Denn wenn man den formellen Sinn des Wortes Gesetz in den Art. 62 hineinlegen wollte, so würde der Art. eine nichtssagende, inhaltlose Tautologie enthalten; er würde bedeuten:

> Die Uebereinstimmung des Königs und beider Kammern ist erforderlich zu jeder Erklärung des Staatswillens, welche unter Uebereinstimmung des Königs und beider Kammern erfolgt.

Der Art. 62 erlangt daher nur dann einen Sinn, wenn man den Begriff der „gesetzgebenden Gewalt," d. h. ihren Inhalt, Umfang und ihre Begrenzung anderweitig feststellt, was die Verfassungs-Urkunde selbst freilich nicht gethan, sondern der Rechtswissenschaft und Praxis überlassen hat. Die Theilnahme an der Gesetzgebung im materiellen Sinne des Wortes ist aber keineswegs das einzige Recht der Landesvertretung;

---

[4]) Vgl. auch v. Rönne. Preuß. Staatsrecht I. 1. §. 47 S. 190 f. (3. Aufl.).

diese Theilnahme erstreckt sich vielmehr auf alle Gebiete des staatlichen Lebens. Die Vorliebe der Verfasser der Preußischen Verfassung, sich in den Ausdrücken an die Französisch-Belgischen Muster anzulehnen und den Verfassungs-Artikeln die Form vollklingender Resolutionen zu geben, insbesondere aber das Bestreben, im Einklang mit der Theorie von der Theilung der Gewalten jedes dem Landtag beigelegte Recht als eine Ausübung der Legislative erscheinen zu lassen, welches die der Krone zustehende Exekutive nicht schmälert, waren Veranlassung, überall wo man sagen wollte, ein gewisser Regierungsakt soll künftig nur unter Zustimmung der Kammern erfolgen, den Ausdruck zu wählen, dieser Regierungsakt werde durch Gesetz oder im Wege der Gesetzgebung erfolgen. Daher ist überall, wo die Verfassungs-Urkunde ein Gesetz erfordert, die Regelung durch Königliche Verordnung und durch Ministerial-Verfügungen ausgeschlossen; dagegen ist nicht nothwendig jedes Gesetz im Sinne der Preußischen Verfassung auch ein Gesetz im materiellen Sinne des Wortes.

Wendet man dieses Resultat auf den Art. 99 der Preußischen Verfassung an:

> der Staatshaushalts-Etat wird jährlich durch ein Gesetz festgestellt,

so ist der unzweifelhafte Sinn desselben nur der

> die Feststellung des Staatshaushalts-Etats erfolgt jährlich unter Uebereinstimmung der Krone und beider Kammern,

also nicht durch Königliche Verordnung, noch weniger durch Ministerial-Beschluß. Dagegen folgt aus dieser Bestimmung der Preußischen Verfassung und der ihr nachgebildeten Bestimmung des Art. 69 der Norddeutschen Bundes-Verfassung keineswegs, daß die jährliche Feststellung des Budgets durch Regierung und Volksvertretung ein Akt der Gesetzgebung im materiellen Sinn des Wortes ist.

II.

Die zuletzt angedeutete Frage kann nur durch eine Betrachtung des Inhalts des Budgets gelöst werden; denn sie ist identisch mit der Frage: Hat der Etat einen solchen Inhalt, daß er unter den Begriff des Gesetzes (im materiellen Sinne) fällt?

Dieser Begriff ist, wie wir bereits ausgeführt haben, durch das Erforderniß bestimmt, daß eine Rechtsregel ausgesprochen wird. Zwar braucht das keine Regel des Privat- oder Strafrechts zu sein, sondern sie kann ebensogut das Staatsrecht, sei es nun das eigentliche Verfassungsrecht oder sei es das Verwaltungsrecht, betreffen, und daß der Etat Normen für die Verwaltung enthält, kann wohl nicht mit Grund bestritten werden.

Es ist ferner mit dem Begriff eines Gesetzes im materiellen Sinn vollkommen vereinbar, daß es ausschließlich einen finanziellen Inhalt hat, also lediglich Einnahmen und Ausgaben regelt, welche durch den Betrieb der Staatsverwaltung sich ergeben. Die Festsetzung des Tarifs für die Gerichtskosten, der Consulatsgebühren, des Porto- und Telegraphen-Tarifs, des Zolltarifs, ist unzweifelhaft ein Akt der Gesetzgebung, ebenso die Normirung von Gebühren oder Diäten, welche die Staatskasse an Zeugen, Sachverständige, Kommissare, Abgeordnete u. s. w. zu zahlen hat. Also auch der ausschließlich finanzielle Inhalt des Etats ist kein Hinderniß, denselben als ein Gesetz im materiellen Sinne anzusehen.

Aber die im Etat aufgestellten finanziellen Normen für die Verwaltung erscheinen nur dann als Gesetzgebung, wenn sie den Charakter von Rechtsregeln haben. Eine Vorschrift kann vollkommen bindend sein, ebenso sehr oder strenger bindend als irgend ein Gesetz, ohne daß sie deshalb den Charakter eines Gesetzes hat. Der Befehl an einen Gesandten, eine diplomatische Note zu überreichen, an einen Offizier, einen Garnisonwechsel vorzunehmen, an einen Staatsanwalt, eine Anklage zu erheben, sind zweifellos bindende Vorschriften, die für die von dem beauftragten Beamten vorzunehmenden Handlungen Normen abgeben. Niemand wird aber einen solchen Befehl als ein Gesetz bezeichnen. Eine Vorschrift braucht auch nicht auf eine vereinzelte und konkrete Handlung sich zu beziehen, um sich von einem Gesetz zu unterscheiden. Auch Instruktionen über das von den Behörden einzuhaltende Verfahren, über die von ihnen zu ergreifenden Maßregeln und zu veranstaltenden Erhebungen, die in so zahlreichen einzelnen Fällen zur Anwendung kommen, daß sie in dieser Beziehung viele Gesetze übertreffen, fallen dadurch noch nicht unter den Begriff der Gesetzgebung.

Als Gesetz kann eine Regel nur dann bezeichnet werden, wenn sie einen Rechtsinhalt hat, wenn sie in irgend einer Beziehung die Rechtssphäre des Einzelnen oder der staatlichen Gemeinschaft betrifft. Es ist freilich überaus schwierig, die Grenzen der Gesetzgebung überall richtig zu erkennen und innezuhalten. Es giebt Gesetze genug, die neben wirklichen Rechtsregeln Bestimmungen rein reglementarischer Art, bloße Instruktionen und Anweisungen für die zur Ausführung der Gesetzeerforderlichen Manipulationen enthalten. Noch zahlreicher sind die Gesetze, welche sich auf die Feststellung von allgemeinen Prinzipien beschränken und Königliche Verordnungen nothwendig machen, die keineswegs bloße Ausführungs-Verordnungen sind, sondern selbstständige Rechtssätze enthalten müssen. Man denke nur an jenes denkwürdige Gesetz, welches die Bildung der ersten Preußischen Kammer in die nur durch sehr wenige Beschränkungen gebundene Willkür der Krone legte. Ja selbst Ministerial-Instruktionen enthalten sehr oft wirkliche und eigentliche Rechtssätze. Die Gesetzgebung ist eben eine Kunst, die ein besonderes Talent erfordert, und da diese Kunst häufig von Personen, denen dieses Talent mangelt, ausgeübt wird, so sind die Gesetze oft zu fragmentarisch, oft zu detaillirt. Die Schwierigkeit aber, welche die Innehaltung der Grenzen der Gesetzgebung bereitet, ist kein Grund dafür, das Vorhandensein dieser Grenzen überhaupt zu leugnen. Im Allgemeinen wird auch jede Aeußerung des staatlichen Willens ihrer allgemeinen Tendenz nach ohne Schwierigkeit erkennen lassen, ob sie die Aufstellung und Formulirung von Rechtsregeln bezweckt oder nicht, und es ist nicht erforderlich, in den noch immer ungelösten Schulstreit um die richtgste Definition von Recht hier einzugehen, da nur an den äußersten Grenzpunkten ein ernsthafter Zweifel darüber möglich ist, ob sie noch zu dem Gebiet der Rechts-Ordnung gehören, oder außerhalb desselben liegen.

Von diesem Gesichtspunkte aus springt es nun klar in die Augen, daß der Etat regelmäßig keine Rechtssätze enthält, also kein Gesetz im materiellen Sinne des Wortes ist. Der Etat ist eine Rechnung und zwar nicht über bereits geleistete Ausgaben und erhobene Einnahmen, sondern über künftig zu erwartende Einnahmen und Ausgaben, er ist ein sogenannter Voranschlag. Er korrespondirt vollständig mit der nach Ablauf des Verwaltungsjahres alljährlich zu legenden Rechnung über die wirklichen Einnahmen und Ausgaben. Eine Rechnung aber enthält keine Regeln, am wenigsten Rechtsregeln, sondern Thatsachen, sie referirt durch kurze, mit Zahlen versehene Angaben die bereits erfolgten oder vorherzusehenden Einnahmen und Ausgaben. Der Etat begründet der Regel nach keine rechtliche Verpflichtung zu Einnahmen oder zu Ausgaben, sondern er setzt diese rechtlichen Verpflichtungen voraus und stellt ihre finanziellen Resultate lediglich zusammen.

Da die Erfahrung lehrt, daß in jedem größeren Wirthschaftsbetriebe, in jedem Gewerbe von einigem Umfange die Rechnungslegung in gewissen regelmäßigen Zeitabschnitten unerläßlich ist, um die finanzielle Ordnung zu erhalten; da es zu der Sorgfalt jedes ordentlichen Wirthes gehört, für ein Unternehmen, welches bedeutende Aufwendungen erfordert, einen Voranschlag zu machen, so hat man auch lange vor Einführung der konstitutionellen Staatsform ebensowohl die Aufstellung eines Staatshaushalts-Etat als Voranschlag für die Kosten der Verwaltung, wie die nachträgliche Ablegung und Prüfung der Rechnungen als unerläßliche Erfordernisse einer geordneten Staatsverwaltung anerkannt. Die Nothwendigkeit des Etats ist nicht Folge einer bestimmten Verfassungsform, sondern des großen Umfangs, den die Staatswirthschaft erlangt hat, und die Feststellung des Etats genügt keinem Bedürfniß des Rechts, sondern einem Bedürfniß der Wirthschaft.

Weder die Aufstellung des Etats für einen zukünftigen, noch die Kontrolle der Rechnungen über einen vergangenen Zeitraum hat daher etwas zu schaffen mit der Gesetzgebung, sondern gehört lediglich zur Verwaltung, und das Recht, welches die Volksvertretung in beiden Beziehungen verfassungsmäßig hat, indem ihr der Etat zur Genehmigung, die Staatsrechnungen zur Decharge vorgelegt werden müssen, charakterisirt sich nicht als ein Antheil an der sog. gesetzgebenden Gewalt, sondern als ein Antheil an der sog. exekutiven Gewalt, oder wenn man diese verwirrende und sinnlose Terminologie, die auf der falschen Doktrin von der Theilung der Gewalten beruht, vermeiden will: die Vorschriften, daß der König das Budget im Einverständniß mit dem Landtag feststellen soll, und daß die Rechnungen über den Staatshaushalt dem Landtag zur Decharge vorgelegt werden müssen, stellen die Staatsverwaltung unter die stetige Kontrolle der Volksvertretung.[5])

---

[5]) Fricker in der (Tübinger) Zeitschrift für die gesammte Staatswissenschaft Bd. 17 (1861) S. 643. Vgl. auch die Bemerkungen in der deutschen Vierteljahresschrift von 1866 Bd. 1, S. 54 folg. und Zachariä, deutsches Staatsrecht

Diese Wahrheit gilt nicht nur von dem Preußischen Staatsrecht, sondern ebenso auch von dem Recht des Norddeutschen Bundes, da sie nicht aus der Wort-Interpretation positiver Verfassungs-Artikel, sondern aus der Natur der Sache folgt,[6]) überdies aber, wie bereits hervorgehoben worden ist, der Art. 69 der Norddeutschen Bundes-Verfassung fast wörtlich den Art. 99 der Preußischen Verfassung wiederholt.[7])

III.

Ganz unbedingt richtig ist diese Ansicht jedoch nicht; in gewisser Beziehung bedarf sie einer Einschränkung. Da nämlich bei der Feststellung des Budgets die Form der Gesetzgebung innegehalten wird, so ist staatsrechtlich kein Hinderniß vorhanden, auch materiell gesetzliche Bestimmungen in das Etatsgesetz aufzunehmen. Ja es kann der Fall eintreten, daß dies sogar unerläßlich nothwendig wird. Wenn z. B. eine Steuer mit einem verschiebbaren Gesammtertrag eingeführt wird, so daß alljährlich nach den Bedürfnissen des Staates ihre Höhe bestimmt werden soll, so ist das Gesetz über die Steuer, da es die Höhe derselben nicht normirt, unvollständig und zwar mit Absicht unvollständig, und bedarf einer Ergänzung durch den jedesmaligen Etat, die ebenfalls den Charakter eines Gesetzes hat, und mit dem Gesetz über die Steuer zusammen die rechtliche Grundlage für die Erhebung der Steuer bildet. Gleichviel, ob man eine derartige Steuergesetzgebung politisch für verwerflich oder für wünschenswerth erachtet, ihre Zulässigkeit ist nicht nur im Allgemeinen unbestreitbar, sondern auch durch die Preußische Verfassung ausdrücklich anerkannt:

> Art. 100. Steuern und Abgaben für die Staatskasse dürfen nur, soweit sie in den Staatshaushalts-Etat aufgenommen oder durch besondere Gesetze angeordnet sind, erhoben werden.

Eine theilweise Annäherung an dieses System enthält die Finanz-Verfassung des Norddeutschen Bundes. Soweit die gemeinschaftlichen

---

(3. Aufl. 1867) §. 201 Nr. III. Thl. II. S. 395. v. Gerber, Grundzüge des deutschen Staatsrechts §. 50 (2. Aufl. S. 159).

[6]) Treffend sagte der Abgeordnete Dr. Friedenthal in der Sitzung des verfassungsgebenden Reichstages des Norddeutschen Bundes am 9. April 1867 (Stenographische Berichte S. 648):

> „Ich halte die Feststellung des Budgetrechts nicht für einen Akt der Gesetzgebung, sondern für einen Akt der Verwaltung, und die Theilnahme der Landesvertretung an der Feststellung des Budgets für einen Akt der Selbstverwaltung, für einen Akt der entscheidenden Theilnahme an der Staatsverwaltung in der höchsten Sphäre."

[7]) v. Martitz, Betrachtungen über die Verfassung des Norddeutschen Bundes (Leipzig, 1868) S. 98 ff. greift sehr heftig die Bestimmung des Art. 69 der Norddeutschen Bundes-Verfassung, daß der Etat durch ein Gesetz festgestellt werden soll, an und bezeichnet es als „eine juristische Monstrosität, ihn Gesetz zu nennen." Diese Polemik beruht jedoch auf einem Verkennen des formellen Begriffs, den das Wort „Gesetz" im modernen Staatsrecht hat. Der gute Sinn des Art. 69 ist der, daß der Bundeshaushalts-Etat durch Uebereinstimmung des Bundesrathes und des Reichstages (Art. 5 der Verfassung) festgestellt werden soll.

Einnahmen des Bundes nicht reichen, werden die Ausgaben bekanntlich durch sog. Matrikular-Beiträge der einzelnen Staaten aufgebracht. Der Bund hat also ein doppeltes Steuersystem: indirekte Steuern (Zölle, Verbrauchssteuer und Wechselstempel), welche von den einzelnen Bundesbürgern entrichtet werden, und eine direkte Steuer, welche die zum Bunde gehörenden Staaten zahlen und deren Vertheilung nach Verhältniß der Bevölkerung normirt ist. Die Höhe dieser Steuer aber ist offen gelassen und verschiebbar, sie wird jedes Jahr durch den Etat nach Maßgabe des Bedürfnisses festgestellt, und der Etat ist daher die gesetzliche Grundlage, welche den von jedem Staate zu entrichtenden Betrag oder wenigstens dessen Maximum festsetzt.[8])

Ferner ist es öfters nothwendig, der Staatskasse zur Deckung eines Defizits Einnahmen zu verschaffen, für welche das Etatsgesetz selbst die rechtliche Grundlage enthält; insbesondere die Anordnung, daß ein Zuschlag zu einer oder mehreren gesetzlich bestehenden Steuern für ein Jahr zu erheben sei, oder daß gewisse Bestandtheile des dem Staate gehörenden Kapitals zur Bestreitung der Bedürfnisse zu verwenden seien u. dergl. Solche Bestimmungen heben sich aber auch äußerlich in der Regel von der Zusammenstellung der Einnahmen und Ausgaben ab. Das Etatsgesetz besteht aus zwei sehr verschiedenen Theilen, aus dem eigentlichen Etat und dem Gesetz, welches denselben feststellt. Die eigentliche Staatsrechnung bildet eine „Anlage" zu dem Gesetz, und das Gesetz selbst hat in der Regel keinen anderen Inhalt, als die Erklärung, daß der als Anlage beigefügte Etat unter Angabe der Gesammtsumme der Ausgabe und der Einnahme festgesetzt wird. Oefters aber enthält dieses Gesetz außerdem noch andere Anordnungen, welche für die zur Bestreitung der Ausgaben erforderlichen Mittel die Deckung anweisen oder für die in dem Etat aufgeführten Einnahme- oder Ausgabe-Posten die rechtliche Grundlage schaffen, falls dieselbe in der bisherigen Gesetzgebung noch nicht vorhanden ist.[9])

Daher ist die Möglichkeit gegeben, in dem Etatsgesetz und durch dasselbe die bestehenden Steuergesetze abzuändern, namentlich die Höhe der Steuer zu ermäßigen oder zu steigern, neue Steuern einzuführen, Anstalten des Staates, die auf gesetzlicher Anordnung beruhen, aufzulösen und den Verkauf der zu denselben gehörenden Besitzthümer zu verfügen, gesetzliche Bestimmungen über die Verwendung bestimmter Einnahmen außer Kraft zu setzen, die Ausführung gewisser Gesetze der Ersparniß der damit verbundenen Kosten wegen zu suspendiren, oder andererseits Maßregeln anzuordnen, deren Kosten in dem anliegenden Etat bereits mit enthalten sind. Es mag unzweckmäßig sein, das Gesetz, welches den Etat feststellt, mit solchem Inhalt zu belasten, den man ebenso gut in einem besonderen Gesetz formuliren kann; wenn aber die Regierung und beide Häuser einverstanden sind, mit dem Akte der Etatsfestsetzung zugleich solche gesetzliche Anordnungen zu verbinden,

---

[8]) Bundes-Verfassung Art. 70.

[9]) Vgl. das Gesetz vom 22. Juni 1861 über die Feststellung des Etats pro 1861 und das Gesetz v. 1. Februar 1869 über die Feststellung des Etats pro 1869.

und die Krone ein derartig formulirtes Gesetz sanktionirt und verfassungsmäßig publizirt, so kann die staatsrechtliche Geltung eines solchen Gesetzes weder im Ganzen noch in irgend einem Theile deshalb angefochten werden, weil das Gesetz nur als Gesetz zur Feststellung des Etats eines bestimmten Jahres bezeichnet ist. Dieser Grundsatz gilt selbst dann, wenn die legislatorischen Bestimmungen sich gar nicht auf das betreffende Jahr beschränken, sondern z. B. eine Steuer dauernd eingeführt, oder dauernd erhöht oder erniedrigt wird, ja selbst dann, wenn eine Bestimmung in dem Etatsgesetz enthalten sein sollte, die gar keinen Bezug auf das Finanzwesen hat.

Es kömmt somit Alles auf den Inhalt an. Die Feststellung des Voranschlags der Ausgaben und Einnahmen ist kein Gesetz im materiellen Wortsinne sondern ein Verwaltungsakt, trotzdem dieser Voranschlag zwischen Krone und Volksvertretung vereinbart und in der Gesetzsammlung unter der Bezeichnung „Gesetz" veröffentlicht wird; andererseits verliert die Aufstellung einer wirklichen Rechtsregel dadurch nicht die Bedeutung und Kraft eines Gesetzes, daß dieselbe bei Gelegenheit der Feststellung des Etats und uno actu damit erfolgt.

Die Preußische Verfassung enthält jedoch einen Grundsatz, welcher ein Hinderniß dagegen bilden kann, die Feststellung des Etats mit der Aufstellung neuer oder der Abänderung bestehender Rechtsnormen zu kombiniren. Es ist die Bestimmung des Art. 62 Abs. 3:

> „Finanzgesetz-Entwürfe und Staatshaushalts-Etats werden zuerst der zweiten Kammer vorgelegt; letztere werden von der ersten Kammer im Ganzen angenommen oder abgelehnt."

Durch diese Bestimmung ist der gewöhnliche und ordnungsmäßige „Weg der Gesetzgebung" hinsichtlich der Feststellung des Etats wesentlich verändert, indem dem Herrenhause das Recht zu Aenderungen, welches bei allen anderen Gesetz-Entwürfen beiden Häusern des Landtags zusteht, entzogen ist. Wird nun in dem Etatsgesetz der rechnungsmäßige Voranschlag der Einnahmen und Ausgaben kombinirt mit Rechtsvorschriften und Anordnungen von Finanz-Maßregeln, so entzieht die dem Herrenhause gestellte Alternative, den Etat im Ganzen anzunehmen oder abzulehnen, demselben die Möglichkeit, diese Bestimmungen des Etatsgesetzes zu amendiren oder ihnen nur theilweise zuzustimmen. Dies aber kann aus sachlichen und formellen Gründen nicht der wahre Sinn der in Rede stehenden Bestimmung des Art. 62 Abs. 3 der Verfassungs-Urkunde sein. Die Beschränkung des Herrenhauses kann vielmehr nur auf den Etat im eigentlichen Sinn, d. h. den Finanzplan bezogen werden. Die sachlichen Gründe bestehen darin, daß der Etat an dem geltenden Rechtszustande des Staates Nichts ändert, sondern denselben als Voraussetzung nimmt und nur die Durchführung desselben betrifft, daß er eben, wie schon mehrfach ausgeführt, gar kein Gesetz im materiellen Sinn des Wortes ist und daher eine Modifikation des ordnungsmäßigen Weges der Gesetzgebung bei der Feststellung des Finanzplanes zulässig erscheint; ferner darin, daß das alljährliche Zustandekommen des Etatsgesetzes beinahe zur Unmöglichkeit würde, wenn beide Häuser des

Landtages den Entwurf nach freiem Belieben amendiren dürften. Der formell juristische Grund liegt in der allgemein anerkannten Interpretationsregel, daß Bestimmungen, welche eine singuläre Ausnahme von den allgemeinen Rechtsgrundsätzen enthalten, strikte zu interpretiren seien; daß es sich in dem in Rede stehenden Fall um eine solche singuläre Ausnahme handelt ist unzweifelhaft. Es ist daher unzulässig, das Recht zur Aenderung von Gesetzentwürfen dem Herrenhause dadurch zu entziehen, daß man die letzteren mit dem Etat zu einem einheitlichen Gesetzentwurfe kombinirt, oder die Verwerfung eines in Vorschlag gebrachten Rechtssatzes dem Herrenhause dadurch zu erschweren, daß es in die Nothwendigkeit versetzt wird, entweder den vorgeschlagenen Rechtssatz zu billigen oder zugleich den ganzen Staatshaushalts-Etat zu verwerfen.

Dieses Recht des Herrenhauses ist nicht immer klar erkannt und respektirt worden, namentlich in solchen Fällen, in denen die Außerkraftsetzung eines bestehenden Rechtssatzes oder die Einführnng eines neuen Rechtssatzes (z. B. die Einführung einer Steuer) oder die Genehmigung zur Kontrahirung einer Anleihe u. dgl. als ein integrirender und nothwendiger Bestandtheil des Etatsgesetzes behufs Bilanzirung der Einnahmen und Ausgaben erschien. Ein deutliches Beispiel aus der staatsrechtlichen Praxis über die Tragweite des von uns entwickelten Satzes ist folgendes:

Eine mit Gesetzeskraft versehene Kabinets-Ordre vom 17. Januar 1820 §. 1 (Gesetz-Samml. von 1820 S. 23) bestimmt, daß Ueberschüsse der Vorjahre und Mehreinnahmen der laufenden Verwaltung an den Staatsschatz abgeführt werden sollen. Dieselben sind also durch Gesetz einem bestimmten Zweck gewidmet und es ist ohne Abänderung oder zeitweise Suspendirung dieses Gesetzes durch ein anderes Gesetz daher nicht zulässig, bei einem Verwaltungsakt, wie es die Feststellung des Etats ist, dieses Gesetz außer Anwendung zu lassen und die Ueberschüsse der Vorjahre zur Deckung der Ausgaben des laufenden oder künftigen Jahres zu verwenden. Im Herrenhause ist demgemäß auch in Folge eines Antrages des Grafen von Arnim-Boytzenburg und Genossen vom 18. Februar 1859 die Forderung erhoben worden, daß jedesmal, wenn Ueberschüsse des Vorjahres nicht an den Staatsschatz abgeliefert, sondern zur Deckung anderer Bedürfnisse verwendet werden sollen, nicht durch den Staatshaushals-Etat eine derartige andere Verwendung festgestellt werden dürfe, sondern hierzu ein spezielles Gesetz erlassen werden müsse [10]) Obgleich thatsächlich dem Verlangen des Herrenhauses nicht nachgegeben wurde, so erscheint dasselbe aus den oben entwickelten Gründen dennoch staatsrechtlich wohl begründet.

Mon wendet freilich dagegen ein, daß die Feststellung der Einnahmen und Ausgaben in unlösbarem inneren Zusammenhange mit der Beschaffung der erforderlichen Mittel stehe. v. Rönne, Staatsr. I. 1. S. 394 (3. Aufl.) sagt: „Die Ordnung des Staatshaushalts erfordert unbedingt, daß beide Operationen Hand in Hand gehen, und

[10]) Vgl. v. Rönne, Preuß. Staatsr. II. 2. S. 425 Note 2 (2. Aufl.).

ein Budgetgesetz, welches die Frage der vollständigen Deckung der beschlossenen Ausgaben theilweise ungelöst lassen wollte, würde als vollständig vereinbart nicht angesehen werden können. Auf solche Weise könnte ein Staatshaushalts-Etats-Gesetz zu Stande kommen, während möglicher Weise die danach vorbehaltene, aber unerläßlich nothwendige fernere Vereinbarung über die Deckungsmittel nicht erzielt werden könnte. Denn unzweifelhaft steht einem jeden der Faktoren der Gesetzgebung die Berechtigung zu, die zur Beschaffung der fehlenden Mittel erforderlichen neuen Steuern oder Anleihen nicht zu bewilligen. Gerade hieraus ergiebt sich aber die Nothwendigkeit, die beiden oben gedachten Operationen nicht von einander zu trennen."

Dies ist allerdings vollständig richtig, daraus folgt aber noch keineswegs, daß das Herrenhaus nur die Wahl hat, die vom Abgeordnetenhause beschlossenen Bestimmungen über die Deckung der Staatsbedürfnisse en bloc und unverändert anzunehmen oder sie mitsammt dem ganzen Etat zu verwerfen. Die richtige Lösung ist vielmehr die, daß das Abgeordneten-Haus die Genehmigung des Etats und die Genehmigung der zur Deckung des Defizits erforderlichen gesetzlichen Anordnungen zwar gesondert, aber als zusammengehörig, also sich gegenseitig bedingend ertheilt; so daß die Genehmigung des Etats nur unter der Bedingung erfolgt, daß die Beschlüsse über die erforderlichen Deckungsmittel Gesetzeskraft erlangen, und ebenso die letzteren nur für den Fall Kraft haben, daß der vom Landtag beschlossene Etat im Wege der Gesetzgebung festgestellt wird. Das Herrenhaus kann alsdann den Etat selbst zwar nur im Ganzen genehmigen, an dem dazu gehörigen Gesetze über Beschaffung der erforderlichen Geldmittel dagegen sowohl hinsichtlich der formellen Redaktion als hinsichtlich der materiellen Bestimmungen die ihm wünschenswerth erscheinenden Abänderungen wie bei jedem anderen Gesetze beschließen. Dasselbe gelangt dann zu nochmaliger Berathung an das Abgeordnetenhaus, bis beide Häuser über Inhalt und Fassung des Gesetzentwurfs sich verständigt haben. Erst wenn derselbe durch Sanktion der Krone zum Gesetz geworden ist, erlangt auch die Feststellung des Etats, der jenes Gesetz zur Voraussetzung hat, rechtliche Gültigkeit. In dieser Weise wird sowohl der synallagmatische Zusammenhang zwischen dem Staatshaushalts-Etat und den Anordnungen zur Beschaffung der erforderlichen Mittel als auch das Recht des Herrenhauses zur freien Mitwirkung bei der Gesetzgebung gewahrt.

Unsere Ausführung darf aber nicht etwa so mißverstanden werden, als hielten wir jede wirklich legislatorische Anordnung, die im Etatsgesetz getroffen wird, für ungültig, weil sie nicht auf dem ordentlichen Wege der Gesetzgebung, sondern unter Ausschluß des Amendirungsrechtes des einen Faktors der Gesetzgebung zu Stande gekommen ist. Denn es steht dem Herrenhause ja unbezweifelt frei, auf sein Amendirungsrecht zu verzichten und jeden ihm vorgelegten Gesetzentwurf unverändert anzunehmen. Was wir beweisen wollen, ist nur die Befugniß des Herrenhauses, zu verlangen, daß der Etats-Gesetzentwurf von allen gesetzlichen Anordnungen purifizirt und auf eine bloße Feststellung der Einnahmen und Ausgaben reduzirt werde, und seine Beschlußfassung über den Etats-Entwurf auszusetzen, bis diesem Verlangen Genüge geschehen ist.

IV.

Aus dem im Vorstehenden gefundenen Prinzip, daß die Feststellung des Etats ein in den Formen der Gesetzgebung zu vollziehender Verwaltungsakt ist, ergeben sich die weitgehendsten staatsrechtlichen Konsequenzen. Es folgen aus demselben einerseits die staatsrechtlichen Grenzen des Budget-Bewilligungsrechts der Volksvertretung und andererseits die Rechtswirkungen, welche das Zustandekommen und ebenso das Nichtzustandekommen des jährlichen Etats nach sich zieht. Wir beginnen zunächst mit den Rechtsgrundsätzen, welche für die Feststellung des Etats maßgebend sind.

Nach der bisherigen parlamentarischen Praxis und der in der politischen und publizistischen Literatur vorherrschenden Auffassung erscheint der Landtag bei der Berathung des Etats eben so souverain wie bei der Berathung irgend eines anderen Gesetzes. Fast bei jeder einzelnen Position wird es lediglich von dem freien Ermessen des Landtages abhängig gemacht, ob dieselbe zu genehmigen oder herabzudrücken oder ganz zu streichen sei. Sachliche und politische Zweckmäßigkeitsgründe geben für die Entscheidung dieser Frage den Ausschlag und nur hin und wieder, namentlich so weit es sich um civilrechtliche Verpflichtungen der Staatskasse handelt, bricht sich die Erkenntniß Bahn, daß es Rechtssätze giebt, die abgesehen von ihrer Zweckmäßigkeit oder Unzweckmäßigkeit allen Streichungen am Etats-Entwurf Schranken setzen.

Der Grund für diese mangelnde Erkenntniß der Grenzen des Budget-Bewilligungs-Rechts ist die Auffassung, als sei die Feststellung des Etats ein Akt der Gesetzgebung, während sie in Wahrheit ein Akt der Staatsverwaltung ist.

Als oberster Grundsatz, gleichsam als Axiom, das keines weiteren Beweises bedarf, muß festgehalten werden, daß die Staatsverwaltung den Gesetzen gemäß geführt werden soll und muß. Es ist das wohl zu unterscheiden von dem, der landläufigen Theorie von der Theilung der Gewalten entsprechenden Irrthum, wonach die Verwaltung lediglich als Ausführung der Gesetze angesehen und sie demgemäß als vollziehende oder exekutive Gewalt bezeichnet wird. Für die Regierung giebt es ein unbegrenztes Feld freier Thätigkeit zur Förderung des Staatswohls, die nicht bloße Durchführung von Gesetzen ist. Aber die Gesetze sind für diese Thätigkeit negativ Schranken und sie können positiv die Regierung zu einer bestimmten Thätigkeit verpflichten.

Dieser Grundsatz, daß die Verwaltung den bestehenden Gesetzen gemäß geführt werden muß, ist ein Postulat der gegenwärtigen Gesittung, ein auch ohne ausdrückliche Sanktion der Verfassungs-Urkunde dem Rechtsbewußtsein der Zeit eingeprägtes Prinzip.

Wendet man dies auf den eben entwickelten Satz an, daß die Aufstellung des Etats ein Verwaltungsgeschäft ist, so ergiebt sich der Rechtssatz:

Die Feststellung des Etats muß dem geltenden Recht gemäß geschehen

und daran ist die Volksvertretung eben so sehr gebunden wie die Regierung. Soweit gültige Gesetze bestehen, welche irgend welche Einnahmen oder Ausgaben direkt oder indirekt bestimmen, ist bei der Feststellung des Etats für die freie Willensentschließung eine Schranke gezogen, deren Respektirung sowohl für die Regierung, wie für den Landtag eine staatsrechtliche Pflicht ist.

Da nun aber nicht die gesammte Verwaltung durch Gesetze dirigirt und gebunden ist, sondern ein bedeutendes Gebiet für freie Entschlüsse und Handlungen bleibt, so ist auch bei der Feststellung des Etats nur ein Theil der Positionen durch die bestehenden Gesetze von selbst gegeben und es bleibt immer noch ein freier Spielraum für die politische und administrative Erwägung.

Die Beantwortung der Frage, in wie weit die Volksvertretung berechtigt ist, den von der Regierung vorgelegten Etat zu amendiren, also einzelne Posten zu streichen, herabzusetzen, oder zu erhöhen, erfordert demnach eine Theilung des Etats in zwei intellectuelle Gebiete, in das vom bestehenden Recht umgrenzte und erfüllte und in das außerhalb desselben liegende.

In Beziehung auf die ordentlichen Einnahmen ist das durch das Gesetz ausgefüllte Gebiet das weitaus größte. Natürlich gilt dies nur von den Einnahme-Titeln, nicht von den Summen. Die letzteren lassen sich nur in wenigen Fällen mit Sicherheit fixiren. Ihre Veranschlagung erfolgt nach den Erfahrungen, welche die Finanzwissenschaft gesammelt und geordnet hat. Die Angabe der einzelnen Summen ist das Resultat einer kalkulatorischen und wissenschaftlichen Thätigkeit, also weder ein Akt der Gesetzgebung noch der Verwaltung im eigentlichen Sinne. Allerdings unterliegt auch dieser Theil des Etats der Kritik des Landtages. Es ist möglich, daß in der Regierungsvorlage die Einnahmen zu niedrig veranschlagt werden, um den Landtag zur Bewilligung außerordentlicher Einnahmen oder neuer Steuern zu bewegen, oder daß die Einnahmen zu hoch angesetzt werden, um den Landtag zur Genehmigung gewisser Ausgaben geneigter zu stimmen. Der Landtag kann daher auch seinerseits selbstständig die Regeln und Erfahrungen, deren Inbegriff die Finanzwissenschaft bildet, bei der Veranschlagung der Einnahmen in Betracht ziehen und vielleicht zu einem anderen Resultat kommen, als die Regierung. Die Diskussion eines derartigen Widerstreits hat aber lediglich den Charakter eines finanzwissenschaftlichen Streits, einer theoretischen Kontroverse. Durch die Praxis wird sehr bald eine Einigung über die hier zu befolgenden Ansichten erzielt und einer künftigen Erneuerung der Kontroverse vorgebeugt werden. Man legt die Ergebnisse der letztvergangenen Jahre, die thatsächlich feststehen, also keiner Meinungsverschiedenheit mehr unterliegen, zu Grunde und ermittelt aus dem Durchschnittsertrage derselben den wahrscheinlichen Ertrag des künftigen Jahres. Aber auch wenn keine Einigung erzielt werden sollte, ist eine solche Meinungs-Differenz zwischen Regierung und Landtag, eben wegen der rein theoretischen Natur derselben, ohne Belang, da die wirklichen Ergebnisse davon unberührt bleiben und nach Ablauf des Jahres das Resultat der letzteren die thatsächliche Entscheidung abgiebt, welche theoretische Ansicht der Wahrheit näher kam.

Auch in anderer Beziehung bietet das gesetzlich abgegrenzte Gebiet der Einnahmen dem Landtag Gelegenheit zur Wahrnehmung des Landes-Interesses. Die nach den Regeln der Finanzwissenschaft richtig veranschlagte Einnahme-Summe kann ein Symptom einer mangelhaften Verwaltung sein. Die Domänen und Forsten können einen so niedrigen Ertrag abwerfen, daß sich daraus unzweifelhaft ihre schlechte Bewirthschaftung, ihre zu billige Verpachtung u. s. w. ergiebt; oder es kann umgekehrt beispielsweise der Ertrag aus verkauften Hölzern so hoch angenommen sein, daß er im Verhältniß zum Forst-Areal nur durch eine Verwüstung der Wälder, also durch Konsumtion des Kapitals erreicht werden kann. Zu ähnlichen Betrachtungen können die Einnahmen aus den Staatsbergwerken, Fabriketablissements, Eisenbahnen u. s. w. Anlaß geben. Es ist unzweifelhaft das Recht der Landesvertretung, solche Schäden in der Verwaltung aufzudecken und öffentlich zu rügen und gerade darin besteht der Zweck und die wichtige Bedeutung der Berathung des Budgets durch den Landtag. Aber der Einfluß des Landtages ist in dieser Hinsicht ein bloß moralischer und politischer, kein juristischer. Deshalb ist dieser Einfluß keineswegs gering zu achten; die öffentliche Diskussion und Prüfung ist erfahrungsmäßig die sicherste Garantie, um die Verwaltung vor der dauernden Befolgung falscher Grundsätze und besonders vor trägem und gedankenlosem Schlendrian zu bewahren. Wiederholten begründeten Ausstellungen wird keine Regierung die Beachtung versagen können; ein wirksames Mittel der Abhülfe aber hat der Landtag nicht, am wenigsten durch Beschlüsse über Aenderung einzelner Etatspositionen; denn es liegt auf der Hand, daß durch solche Beschlüsse die Verwaltung des Staatsvermögens nicht verbessert und die wirklichen Einnahmen nicht verändert werden können.[11]) Daraus folgt, daß die Regierung es sich nicht gefallen zu lassen braucht, wenn der Landtag die nach den herkömmlichen Prinzipien in der Etats-Vorlage richtig berechneten Einnahmen höher veranschlagt und die Regierung behufs Deckung der Ausgaben auf diese — nach der einseitigen Ansicht des Landtags bei besserer Verwaltung möglichen — Mehreinnahmen verweiset. Der Landtag würde dadurch eine der rechtlichen Schranken verletzen, welche ihn bei Feststellung des Etats binden.

---

[11]) v. Mohl in seinem berühmten Staatsrecht des Königreichs Würtemberg (2. umgearbeitete Auflage 1846) I. S. 638 sagt zwar: „Die Verwaltung des Domänengutes geschicht durch die Finanzbehörden und es hat die Stände-Versammlung nur in sofern einen unmittelbaren Einfluß auf die Art und Weise derselben, als sie durch Annahme einer bestimmten Ertragssumme (im Etats-Gesetze) die Verwaltung nöthigen kann, diese wirklich zu erreichen.“ Ganz ähnlich ebend. I. S. 227, nur daß hier dieser Einfluß der Stände auf die Domänenverwaltung richtiger als ein „mittelbarer“ bezeichnet wird. In dieser wunderbar glücklichen Lage, durch einen Beschluß die Ertragssumme des Staatsvermögens mit der Wirknng, daß die Regierung sie „wirklich erreichen“ muß, feststellen zu können, befinden sich jedoch die Ständeversammlungen außerhalb Würtembergs leider nicht.

In Betreff der Titel selbst, auf denen die ordentlichen Einnahmen beruhen, ist das Recht des Landtages noch mehr beschränkt. Diese Einnahmen beruhen sämmtlich auf Gesetzen oder gesetzlich begründeten Einrichtungen des Staates; und es liegt nicht in der Machtbefugniß des Landtages, einseitig diese Gesetze oder Einrichtungen abzuändern oder aufzuheben. Auch hier steht dem Landtag lediglich die Befugniß zur politischen Kritik, nicht zur staatsrechtlichen Aktion zu. Jede Budgetberathung giebt Anlaß, die Verwerflichkeit der Staatslotterie, die Bedenken gegen den Betrieb eines kaufmännischen Geschäfts, wie es die Seehandlung ist, oder eines Fabrik-Unternehmens, wie die Berliner Porzellan-Manufaktur, die Schattenseiten des Systems der Staats-Eisenbahnen, den Druck zu hoher Gerichtskosten, die Unzweckmäßigkeit mancher Steuern u. dgl. zu betonen. Die Kammer kann durch Resolutionen ihre Ansichten der Regierung gegenüber aussprechen und dieselbe dadurch veranlassen, die Frage auch ihrerseits nochmals zu prüfen. Die Streichung einer solchen Einnahme-Position im Etat aber wäre juristisch wirkungslos und involvirte eine Rechtsverletzung von Seiten der Kammer. Nur durch Gesetze, nicht durch einseitige Beschlüsse des Abgeordnetenhauses können gesetzlich begründete Anstalten und Einrichtungen des Staates beseitigt werden.

Insbesondere gilt dies auch von den Steuern. Die bestehenden Steuern werden auf Grund besonderer Gesetze erhoben und diese Gesetze wirken so lange fort, bis sie durch neue Gesetze aufgehoben oder abgeändert werden. Das Budget ist nicht die rechtliche Grundlage für die Steuer-Erhebung, sondern die Steuergesetze sind die gesetzliche Grundlage für die Aufführung der Steuer-Erträge im Budget. Es ist dieser Rechtssatz nicht nur ausdrücklich im Art. 109 der Preußischen Verfassung sanktionirt, sondern er würde sich auch ohne diese Sanktion aus den Prinzipien des konstitutionellen Staatsrechts von selbst ergeben.[12]) Die Kammern haben zwar das Recht der Steuerbewilligung, d. h. neue Steuern können nicht ohne ein Gesetz, also nicht ohne Zustimmung der Kammern erhoben werden; aber sie haben nicht das Recht der Steuerverweigerung, d. h. die Forterhebung alter, bestehender Steuern kann nicht ohne ein Gesetz, also nicht ohne Zustimmung der Krone, der Regierung entzogen werden. Es zeigt sich hierin eine Wirkung des Satzes, daß die Aufstellung des Etats ein Verwaltungs-Akt ist, der den Gesetzen gemäß geschehen soll; die Streichung einer gesetzlich bestehenden Steuer aus dem Etat Seitens des Landtags ohne Zustimmung der Regierung wäre ein Rechtsbruch, ein staatsrechtlich unwirksamer Akt.

Allerdings giebt es ein Mittel, auf indirektem Wege das Recht der Steuerverweigerung für die Zukunft theilweise zu erlangen. Es besteht

---

[12]) Der neueste Bearbeiter dieser Lehre, G. A. Grotefend, das Deutsche Staatsrecht der Gegenwart, Berlin 1869, sagt zwar S. 630: „Das Budget ist das materielle und rechtliche Fundament der Steuergesetze.“ Für Preußen ist aber das strikte Gegentheil hiervon richtig, während allerdings in mehreren anderen deutschen Verfassungen das aus der Natur der Sache sich ergebende Prinzip durch ausdrückliche Anordnungen modifizirt worden ist, um die politische Machtstellung der Stände zu heben.

darin, daß ein neues Steuergesetz nur für ein Jahr oder einen anderen kurzen Zeitraum bewilligt wird; alsdann muß nach Ablauf dieses Zeitraums die Steuer immer von Neuem wieder eingeführt werden, wenn ihre Forterhebung zulässig sein soll, und es liegt daher jedesmal in der Hand des Landtages, die Zustimmung zu versagen.[13]) Dieses Prinzip der temporären Steuerbewilligung hat man in Preußen aber nur vorübergehend bei den sogenannten Zuschlägen zur Einkommensteuer und zu den Gerichtssporteln angewendet.

Zu einem gleichen Resultat kann das oben bereits erwähnte System der kontingentirten Steuern führen, wenn nicht, wie bei der Grundsteuer, der Betrag für alle Zeit fixirt ist, sondern die Höhe der Steuer alljährlich festgesetzt werden muß und die Regierung nur ermächtigt sein soll, sie bis zur Höhe des alljährlich mit dem Landtag vereinbarten Betrages einzuziehen.

Das heutige positive Preußische Staatsrecht kennt aber weder temporäre noch kontingentirte verschiebbare Steuern.

V.

Ganz anders dagegen ist die Stellung des Landtags in Betreff der außerordentlichen Einnahmen. Dieselben können auf drei verschiedenen Wegen beschafft werden:

1) durch Anleihen oder Ausgabe unverzinslichen Papiergeldes,
2) durch Verwenduug von Einnahme-Ueberschüssen der Vorjahre und
3) durch Veräußerungen von Domänen oder anderem Staatseigenthum.

I. Was die Aufnahme von Anleihen oder die Ausgabe von Papiergeld anlangt, so unterliegt es nicht dem geringsten Zweifel, daß dieselbe nur auf Grund eines (formellen) Gesetzes, d. h. mit Zustimmung des Landtages erfolgen kann und daß für den Landtag zur Genehmigung einer Anleihe zwar unter Umständen eine thatsächliche Nöthigung wegen überwiegender Gründe politischer Zweckmäßigkeit, aber niemals eine zwingende, staatsrechtliche Verpflichtung vorhanden sein kann.

II. In Betreff der Verwendung von Ueberschüssen der Vorjahre und von Mehreinnahmen der laufenden Verwaltung bestimmt die bereits oben erwähnte Kabinets-Ordre vom 17. Januar 1820 §. 1 (Ges.-Samml. von 1820 S. 23), daß dieselben an den Staatsschatz abgeführt werden sollen.

Die Kabinets-Ordre vom 17. Januar 1820 §. 1 hat aber eine wesentliche Modifikation erhalten durch das Gesetz vom 28. September 1866 §. 2 (Ges.-Samml. S. 607), welches bestimmt:

---

[13]) So bestimmt die Belgische Konstitution Art. 111: Les impôts au profit de l'État sont votés annuellement.

Les lois qui les établissent n'ont de force que pour un an, si elles ne sont renouvelées.

Obwohl die Belgische Verfassung vielfach der Preußischen als Muster gedient hat, so ist doch dieser Satz, der auch in mehreren Verfassungen der deutschen Mittelstaaten Geltung besitzt, in Preußen nicht rezipirt worden.

„Die dem Staatsschatze durch die Kabinets-Ordres vom 17. Januar 1820 und 17. Juni 1826 übereigneten Einnahmen fließen, sobald die baaren Bestände desselben durch fernere Einziehungen über 30 Millionen Thaler erhöht werden würden, den allgemeinen Staatsfonds als Einnahmen, welche in den Staatshaushalts-Etat als Deckungsmittel aufzunehmen sind, zu. So weit über dieselben nicht als Deckungsmittel im Staatshaushalts-Etat des betreffenden Jahres oder anderweitig unter Zustimmung der beiden Häuser des Landtags verfügt wird, sind sie zur Tilgung von Staatsschulden zu verwenden und an die Staatsschulden-Tilgungskasse abzuführen."

Daraus ergeben sich demnach folgende Rechtssätze:

1) Wenn die baaren Bestände des Staatsschatzes die Summe von 30 Millionen nicht übersteigen, gilt noch jetzt der in der Kabinets-Ordre vom 17. Januar 1820 aufgestellte Rechtssatz. Das Abgeordneten-Haus kann also nicht einseitig dem Staatsschatz diese Intraden entziehen, und kann also auch nicht ohne Zustimmung der Regierung die vorhandenen Ueberschüsse als Einnahme-Posten in den Etat einschieben und zur Deckung von Ausgaben bestimmen. Auch wenn die Regierung einwilligt, die vorhandenen Ueberschüsse zu verausgaben, wäre der vollkommen korrekte Weg der, daß die anderweitige Verwendung der Ueberschüsse, da durch dieselbe das Gesetz vom 28. September 1866 außer Anwendung gesetzt wird, durch ein besonderes Gesetz ausdrücklich sanktionirt werde.

2) Betragen die Baarbestände des Staatsschatzes aber 30 Millionen Thaler, so bedarf es eines besonderen Gesetzes über die Verwendung etwa vorhandener Ueberschüsse nicht, sondern dieselben sind als Einnahmen in den Etat aufzunehmen und zur Deckung von Ausgaben zu bestimmen. Die Regierung kann einseitig nicht eine anderweitige Verwendung derselben erzwingen, namentlich nicht eine Erhöhung des Staatsschatzes, oder eine Verstärkung des Betriebsfonds der General-Staatskasse oder die Ansammlung eines Reservefonds neben dem Staatsschatz. Wenn die vorhandenen Ueberschüsse zur Deckung der im Etat ausgeworfenen Ausgaben erforderlich sind, wird das Abgeordnetenhaus übrigens schon durch die Verweigerung anderer Deckungsmittel einen wirksamen Zwang ausüben, daß diese Ueberschüsse verbraucht werden.

3) Die vorhandenen Mehr-Einnahmen müssen an die Staatsschulden-Tilgungskasse abgeführt und zur Tilgung von Staatsschulden verwendet werden in zwei Fällen:

a) wenn die ordentlichen Einnahmen zur Deckung der etatsmäßigen Ausgaben ausreichen, eine Verwendung der vorhandenen Ueberschüsse zu diesem Zwecke also nicht erforderlich ist;

b) wenn ein Etatsgesetz gar nicht zu Stande kommt.

4) Sollen die, zur Deckung etatsmäßiger Ausgaben nicht erforderlichen Ueberschüsse der Vorjahre, der Tilgung von Staatsschulden entzogen und zu anderen Zwecken bestimmt werden, so ist dazu ein besonderes Gesetz, also die Uebereinstimmung der Krone, des Abgeordnetenhauses und des Herrenhauses erforderlich.

III. Verwickelter und schwieriger ist die rechtliche Beherrschung der dritten außerordentlichen Einnahme-Quelle, der Veräußerung von Staatsvermögen.

Zunächst ist zur richtigen Beurtheilung der in Rede stehenden Frage das Gebiet derselben näher zu begrenzen. Auszuscheiden sind nämlich die zur ordentlichen Verwaltung gehörenden fortlaufenden Veräußerungen von Vermögensobjekten. Fast in jedem Zweige der Staatsverwaltung sind Verkäufe von alten, unbrauchbaren Materialien und Inventarstücken oder von Produkten, die durch den Betrieb gewonnen werden, nothwendig. Die hieraus erzielten Einnahmen gehören zu den ordentlichen und stehen unter den oben entwickelten Regeln.

Ferner muß man unterscheiden zwischen dem Immobiliar-Besitz des Staates an Gebäuden, Plätzen und anderen Grundstücken, welche bisher zu einem bestimmten Zweck der Staatsverwaltung außerhalb des eigentlichen Finanz-Interesses dienten, wie z. B. Exerzierplätze und Kasernen, Gymnasial-, Gerichts- oder Regierungs-Gebäude, Magazine u. dgl. und denjenigen Besitzungen des Staates, welche sein eigentliches Vermögen bilden. Eine Veräußerung der ersteren steht in der Regel im innerlichen Zusammenhang mit einer entsprechenden Neuanschaffung. In der überwiegenden Mehrzahl der Fälle wird ein altes Gerichtsgebäude, eine alte Kaserne u. dgl. nur veräußert werden können, wenn ein neues Gerichtslokal, eine neue Kaserne an Stelle der alten erworben worden ist oder erworben werden soll. Der Erlös aus der Veräußerung bildet daher nur formell eine Einnahme, in Wirklichkeit ist er nur eine theilweise Deckung der Ausgaben, welche durch die mit dem Verkauf in Zusammenhang stehende Neuerwerbung verursacht werden. Dem entspricht es vollkommen, daß die Einnahmen aus solchen Verkäufen gar nicht in die allgemeinen Staatsmittel resp. an die Generalstaatskasse fallen, sondern demjenigen Verwaltungszweige resp. Spezialfond verbleiben, dem die veräußerten Objekte angehört haben. Die Entschließung über die Vornahme derartiger Veräußerungen ist eine Verwaltungssache des betreffenden Ressorts; der Landtag hat aber indirekt hier einen wesentlichen Einfluß. Denn da, wie hervorgehoben, eine solche Veräußerung fast immer nur möglich ist in Verbindung mit einer gewöhnlich viel kostspieligeren Neuanschaffung, so kann der Landtag durch Verweigerung der Ausgabenbewilligung für die letztere, der Verwaltung auch jene Veräußerung unmöglich machen.

Es kommen daher als wirkliche Einnahme-Quellen nur in Betracht die Veräußerungen von solchen Besitzungen des Staats, welche ausschließlich oder vorzugsweise seinem Finanz-Interesse dienen, nämlich Domainen und Forsten, Berg-, Hütten- und Salzwerke, Handels- und Fabrik-Etablissements und Eisenbahnen.

Die Verfassungs-Urkunde enthält über das Recht zur Veräußerung aller dieser Gegenstände Nichts und es ist daher theils aus speziellen Gesetzen theils aus allgemeinen Prinzipien die Entscheidung der zum Theil streitigen Fragen zu entnehmen.

Für alle Klassen von Staats-Besitzthümern gemeinsam gilt unbezweifelt der Grundsatz, daß der Landtag ihre Veräußerung wider den

Willen der Staatsregierung nicht anordnen kann. Denn jede solche Veräußerung involvirt einen positiven Akt der Staatsverwaltung, und denselben vorzunehmen oder anzuordnen ist die Landesvertretung nicht befugt. Sie hat in dieser Beziehung nur ein Vorschlagsrecht und kann lediglich durch die überzeugende Kraft der vorgebrachten Gründe die Regierung zur Vornahme der empfohlenen Veräußerung bestimmen, dieselbe aber nicht mit rechtlichen Mitteln erzwingen. Wendet man dies auf die Feststellung des Etats an, so ergiebt sich der Satz:

> Der Landtag kann den ihm vorgelegten Etat nicht in der Art amendiren, daß er gegen den Willen der Regierung Einnahmen festsetzt, welche durch Veräußerungen von irgend welchen Vermögensobjekten des Staates erzielt werden sollen.

Es fragt sich nun aber, ob der Landtag die Ausführung eines von der Regierung beschlossenen Verkaufes zu verbieten berechtigt ist, und mit Rücksicht auf dieses Recht aus dem von der Regierung vorgelegten Etat eine Einnahme=Position streichen darf, welche den aus einem solchen Geschäfte zu erlösenden Kaufpreis enthält. Das Abgeordnetenhaus hat wiederholt dieses Recht in Anspruch genommen und man begegnet häufig der Ansicht, daß dasselbe eine Konsequenz des konstitutionellen Prinzips sei. Der einzige Anhalt für eine Begründung dieser Ansicht im positiven Recht kann aber nur durch eine gezwungene und offenbar falsche Auslegung des Art. 99 der Verfassungs=Urkunde gefunden werden; indem man aus dem Satz

> „Alle Einnahmen und Ausgaben des Staats müssen für jedes Jahr im Voraus veranschlagt und auf den Staatshaushalts=Etat gebracht werden. Letzterer wird jährlich durch ein Gesetz festgestellt"

folgern will: da alle Einnahmen durch das Etats=Gesetz festgestellt werden müssen, so darf die Regierung keine Einnahmen erheben, die nicht durch das Etats=Gesetz festgestellt sind, also insbesondere auch nicht die vom Landtage ausdrücklich gestrichenen. Dies beruht aber auf der schon öfter gerügten falschen Auffassung der Bedeutung des Etats und namentlich seiner Bezeichnung als Gesetz. Die gesetzlich feststehenden Befugnisse der Regierung werden durch den Etat nicht verändert, die gesetzlichen Einnahme=Quellen werden dadurch nicht beseitigt, daß man ihre Provenüen nicht in die Staatsrechnung aufnehmen will.

Veräußerungen von Staatseigenthum sind unzweifelhaft Verwaltungsakte und die kompetenten Behörden sind demnach dazu befugt, soweit sie nicht durch besondere Gesetze darin beschränkt sind. Vor Einführung der Verfassung konnte der Natur der Sache nach eine Zustimmung der Landesvertretung zu Veräußerungen von Staatsgütern nicht vorgeschrieben sein, dieselbe vielmehr höchstens den Behörden entzogen und von der speziellen Genehmigung des Königs abhängig gemacht sein, was in der That der Fall war. Oder es konnte die Veräußerung gesetzlich ganz untersagt sein, was hinsichtlich der Domainen im vorigen Jahrhundert in Folge von Hausgesetzen und durch Verträge mit den damaligen Landständen allerdings Rechtens war; indeß ist für die Domainen und Forsten die Veräußerlichkeit derselben wiederholt anerkannt worden im

Allg. Landr. II. 14 §§. 16—20, im Hausgesetze vom 17. Dezember 1808 nebst dem Edikt vom 6. November 1809, in der Verordnung vom 6. Juni 1812 und vom 9. März 1819, in der Kabinets-Ordre vom 17. Januar 1820 und (für die neuen Provinzen) in der Verordnung vom 5. Juli 1867.[14])

Dieser Rechtszustand ist durch die Verfassungs-Urkunde nicht alterirt worden. Eine allgemeine Bestätigung hat er erhalten durch die vage Bestimmung des Art. 45:

„Dem Könige allein steht die vollziehende Gewalt zu“,

da unter dem Ausdruck vollziehende Gewalt dem damaligen Sprachgebrauch gemäß: „Verwaltung des Staats“ zu verstehen ist. Hauptsächlich aber fällt ins Gewicht, daß die Verfassungs-Urkunde keine Bestimmung enthält, welche die Veräußerung von Domainen oder anderen Staatsgütern von der Genehmigung des Landtags abhängig macht. Im Allgemeinen ist also das Prinzip festzuhalten:

> Die Entschließung über Veräußerungen von Staatsvermögen steht der Regierung allein zu nach Maßgabe der für die Verwaltung bestehenden Normen; der Landtag kann solche Veräußerungen, die sämmtlich durch Vorlegung des Etats zu seiner Kenntniß kommen müssen, abrathen, aber nicht verbieten. Der Landtag kann daher auch nicht im Etat Einnahmen, die aus der Veräußerung von Staatsgütern erzielt werden, streichen, weil der Etat nach der ausdrücklichen Anordnung des Art. 99 alle Einnahmen enthalten soll und der Landtag nicht befugt ist, Einnahmen aus Veräußerungen, auf denen die Regierung beharrt, abzuwenden.

Dieses Prinzip erfährt indeß durch einige spezielle Gesetze Modifikationen:

1) In den letzten Jahren sind die Eisenbahn-Anleihen und die Gesetze über den Bau von Eisenbahnen vom Landtage mit der Klausel genehmigt worden, daß der Verkauf der betreffenden Eisenbahnen nur mit Genehmigung des Landtages erfolgen darf.

So bestimmt z. B. der §. 6 des Gesetzes vom 9. März 1867:

> „Jede Verfügung der Staatsregierung über die im §. 1 sub Nr. 1—8 bezeichneten Eisenbahnen resp. Eisenbahntheile durch Veräußerung bedarf zu ihrer Rechtsgültigkeit der Zustimmung beider Häuser des Landtages.“[15])

Dasselbe gilt auch von den vermögensrechtlichen Ansprüchen des Staates an Privatbahnen. Das Gesetz vom 13. März 1867, betreffend die Uebernahme einer Zinsgarantie des Staates für das Anlagekapital der Eisenbahn von Cöslin nach Danzig bestimmt im §. 2:

> Eine Abänderung oder Auflösung des vom Staate mit der Berlin-Stettiner Eisenbahngesellschaft abgeschlossenen Garantie-

---

[14]) Vgl. v. Rönne, Staatsr. II. 2. S. 439 ff. (2. Aufl.) und die ausführliche geschichtliche Darstellung von Bergius, Grundsätze der Finanzwissenschaft mit besonderer Beziehuug auf den Preußischen Staat. S. 192 ff.

[15]) Aehnlich lautet der §. 3 des Gesetzes vom 25. März 1869.

vertrages, namentlich eine Veräußerung der aus demselben dem Staate zustehenden Ansprüche auf Einnahmen oder eines Theiles derselben oder ein Verzicht des Staates auf solche bedarf zur Rechtsgültgkeit der Zustimmung beider Häuser des Landtages.

Ein allgemeines Gesetz, welches die Veräußerung von Staats-Eisenbahnen und vonfiskalischen Ansprüchen gegen Privatbahnen von der Zustimmung des Landtages abhängig macht, ist nicht erlassen worden. Daher besteht ein rechtlicher Unterschied zwischen den bis zum Jahre1866 gebauten Eisenbahnen und für den Staat erworbenen Rechten einerseits und den später angelegten Eisenbahnen, Eisenbahn-Theilen und Ansprüchen andererseits, welche auf Grund von Gesetzen erworben worden sind, in denen Klauseln, wie die beiden beispielsweise abgedruckten, enthalten sind. Hinsichtlich der letzteren ist der Regel nach zur Veräußerung ein spezielles Gesetz erforderlich; es würde aber staatsrechtlich genügen, obgleich es weder zweckmäßig noch korrekt wäre, wenn durch Aufnahme des Kaufpreises in den Etat implicite die Uebereinstimmung des Landtages und der Regierung zu der Veräußerung konstatirt wird. Der Regierung steht es demnach nicht zu, einseitig eine solche Einnahme sich zu verschaffen und es ist ihr auch dazu faktisch die Möglichkeit abgeschnitten oder mindestens sehr erschwert, da einer Veräußerung ohne Genehmigung des Landtages die Rechtsgültigkeit entzogen ist. Dagegen in Betreff der älteren Eisenbahnen besteht allerdings formell noch die Befugniß der Regierung, sie ohne Zustimmung des Landtages zu veräußern; nachdem aber in den neueren Gesetzen das entgegengesetzte Prinzip zur Geltung gebracht worden ist, und die Regierung auch hinsichtlich des viel besprochenen Vertrages mit der Köln-Mindener Eisenbahn-Gesellschaft vom 10. August 1865 sich vom Landtage in dem Gesetz vom 8. Februar 1869 hat „Entlastung" ertheilen lassen, dürfte thatsächlich wohl der staatsrechtliche Grundsatz von jetzt an allgemeine Anerkennung finden, daß die Regierung Eisenbahnen nur mit Genehmigung des Landtages veräußern darf.

2) Auch die dem Staat gehörigen Anstalten zum industriellen Gewerbebetrieb oder seine Rechte auf einen Antheil an den Erträgen solcher Anstalten beruhen zum Theil auf gesetzlicher Anordnung und können daher im Verwaltungswege nicht veräußert werden, weil dadurch zugleich jene Gesetze beseitigt würden. Hierin gehören folgende Institute:

a) die Seehandlung.[16]) Dieselbe war ursprünglich eine Handels-Aktien-Gesellschaft, bei welcher der Staat betheiligt war; durch das Edikt vom 27. Oktober 1810 wurden aber die Obligationen und Aktien in Staatsschuldscheine umgewandelt und die „Seehandlungs-Societät" zu einem Staatsinstitut gemacht. Die Finanz-Gesetzgebung vom 17. Januar 1820 enthält ein besonderes Gesetz über die Verhältnisse des Seehandlungs-Instituts, welches noch gegenwärtig im Wesentlichen die rechtliche Grundlage für dasselbe bildet, nur mit der Modifikation, daß der Allerh. Erlaß vom 17. April 1848 (Ges.-Samml. S. 110) die

---

[16]) Vgl. v. Rönne, II. 1. S. 85 f., Bergius S. 225 f.

Selbstständigkeit des Instituts und die Unabhängigkeit seiner Verwaltung vom Staatsministerium aufhob und die Seehandlung dem Finanz-Minister unterordnete. Für das Budget-Recht ergiebt sich demnach Folgendes. Das Abgeordneten-Haus kann nicht einseitig die Aufhebung der Seehandlung oder eine Schmälerung ihrer, auf Grund der bestehenden Vorschriften angesammelten Fonds beschließen und daher auch nicht im Etat diese Fonds als außerordentliche Einnahmen zur Deckung von Staatsbedürfnissen in Ansatz bringen. Ebenso wenig kann die Regierung ohne Genehmigung des Landtags die Seehandlung auflösen, im Ganzen verkaufen oder ihre Fonds schmälern und zu Ausgaben verwenden. Hierzu ist ein spezielles Gesetz oder wenigstens die durch das Etats-Gesetz bekundete Uebereinstimmung von Regierung und Landtag erforderlich.

Dagegen ist die Verwaltung des gesammten Seehandlungs-Vermögens Sache der Regierung. Zu dieser Verwaltung gehört auch die Veräußerung einzelner, dem Seehandlungs-Vermögen zugehöriger Etablissements,[17]) Hüttenwerke,[18]) Grundstücke u. dgl. Gegen den Verkauf derartiger Vermögensobjekte hat daher der Landtag kein Veto; nur fällt der Erlös aus solchen Veräußerungen nicht an die Generalstaatskasse und darf von der Regierung nicht verausgabt werden, sondern er bleibt an Stelle der veräußerten Besitzthümer ein Theil des Seehandlungs-Fonds. Der Landtag hat aber ein Recht darauf, daß ihm die Rechnung über die Geschäftsführung der Seehandlung alljährlich vollständig und detaillirt vorgelegt werde, ebenso ein detaillirter Voranschlag der zur Verwaltung der Seehandlung erforderlichen Kosten, da die Verwaltung der Seehandlung eben so wie die jedes anderen Staats-Instituts der finanziellen Kontrole des Landtags bei Feststellung des Budgets unterworfen ist.

Auf Grund dieser Rechnungen ist nun in Anwendung der sonst geltenden finanzwissenschaftlichen Regeln der wahrscheinliche Gewinnüberschuß aus dem Geschäftsbetrieb der Seehandlung zu veranschlagen und in seinem vollen Betrage als Einnahme in den Etat zu setzen. Zwar bestimmte eine Kab.-Ordre vom 3. Mai 1821, daß der Gewinn der Seehandlung fortan nicht an die Staatskassen abgeführt, sondern dem Kapital-Vermögen der Seehandlung zugefügt werden solle zur Bildung eines Dispositionsfonds für außerordentliche Fälle; und eine Kab.-Ordre vom 25. Juni 1841 modifizirte dies dahin, daß das Institut von seinem Gewinn und ohne Schmälerung seines Kapitalvermögens jährlich 100,000 Thlr. an die Generalstaatskasse abführen solle. Allein diese beiden Kab.-Ordres sind nicht durch die Ges.-Sammlung publizirt worden, haben also keine Gesetzeskraft und sind auch ihrem Inhalte nach gewiß gleich bei ihrem Erlaß nicht als (Finanz)-Rechtssätze, sondern als Verwaltungsmaßregeln gemeint gewesen, die im Wege der Verwaltung zu jeder Zeit abänderlich blieben. Der Gewinn-Ueberschuß der Seehandlung steht daher ganz unter denselben Regeln wie die übrigen ordentlichen Einnahmen des Staats; weder der Landtag noch die Regierung können

---

[17]) Der Flachsgarn-Spinnereien zu Erdmannsdorf und Landeshut und der Mühlen-Etablissements zu Ohlau und Bromberg.

[18]) Zinkwalzwerk zu Thiergarten bei Ohlau.

einseitig eine Kapitalisirung des Betrages oder eines Theiles desselben beschließen und ihn der allgemeinen Bestimmung aller ordentlichen Staats-Einnahmen, zur Deckung der Staats-Ausgaben zu dienen, entziehen. Auch in der Praxis ist die Nichtanwendbarkeit der beiden angeführten Kabinets-Ordres anerkannt, ohne daß jedoch die Konsequenzen, welche sich aus der Eigenschaft der Seehandlung als eines unmittelbaren Staatsinstituts ergeben, vollständig gezogen worden sind. Der von der Seehandlung an die Staatskasse abgelieferte Betrag übersteigt seit einer langen Reihe von Jahren die Summe von 100,000 Thlrn.; in dem Budget von 1861 ist derselbe mit 300,000 Thlr.; 1862 mit 400,000 Thlr., 1865 mit 500,000 Thlr., 1869 mit 700,000 Thlr. und ebenso hoch im Etat von 1870 ausgeworfen.

b) Die Preußische Bank[19]) hat in juristischer Beziehung gerade das entgegengesetzte Schicksal gehabt, wie die Seehandlung. Anfangs war sie ein durch Staatsmittel fundirtes Staatsinstitut, das zuerst seine selbstständige Verwaltung hatte, 1808 aber dem Finanzministerium untergeordnet wurde. Seit der Bankordnung vom 5. Oktober 1846 aber ist an die Stelle des Königl. Bankinstituts die Preuß. Bank getreten, welche ein von der Finanzverwaltung unabhängiges Unternehmen einer Aktien-Gesellschaft ist. Der Staat ist allerdings ein Hauptheilnehmer derselben, der einen bedeutenden Theil des Kapitals und eine Anzahl sehr werthvoller Privilegien als Einlage gegeben hat, und dem entsprechend sowohl an der Verwaltung wie am Reingewinn einen erheblichen Antheil hat; dem Staat gegenüber ist aber die Bank eine besondere juristische Person mit eigenthümlicher vermögensrechtlicher Sphäre. Daraus folgt für das Budgetrecht des Landtags:

Eine Kontrole der Verwaltung der Bank steht dem Landtag von Rechts wegen nicht zu; demselben ist daher auch ein Voranschlag über die Kosten der Bankverwaltung nicht vorzulegen. Denn das ist nicht Sache des Staats, sondern der unter der Firma „Preußische Bank" bestehenden Aktiengesellschaft. Dagegen kann der Landtag die Vorlegung der Jahres-Abrechnung, aus der sich der auf die Staatskasse entfallende Gewinn-Antheil ergiebt, verlangen. Derselbe steht unter den von den ordentlichen Einnahmen geltenden Regeln. Die dem Staat gegen die Bank zustehenden Rechte kann die Regierung einseitig nicht veräußern, um sich dadurch eine außerordentliche Mehr-Einnahme zu verschaffen, denn dieselben sind durch die Bank-Ordnung vom 5. Oktober 1846, welche Gesetzeskraft hat, und durch das Gesetz vom 7. Mai 1856 gesetzlich begründet und dadurch der Verfügung im Verwaltungswege entzogen. Es gilt hinsichtlich des Staatsantheils an der Bank im Wesentlichen dasselbe Recht, wie es seit der Gesetzgebung von 1867 hinsichtlich der Eisenbahnen zur Anerkennung gelangt ist.

3) Die Kab.-Ordre vom 17. Juni 1826 §. III (Ges.-S. S. 58) enthält die Bestimmung, daß dem Staatsschatz zufließen sollen

[19]) Eine kurze Darstellung ihrer geschichtlichen Entwicklung giebt Bergius a. a. O. S. 243 fg.

1) „der Erlös aus der Veräußerung oder Erbverpachtung solcher Besitzungen und Anlagen des Staats, die nicht unter den Domainen begriffen worden, der Domainen-Verwaltung nicht beigelegt und mit ihren Nutzungen dem Tilgungs- und Verzinsungsfonds der Staatsschulden nicht überwiesen sind, z. B. die Hütten-, Hammer-, Gruben- und Salzwerke, gewerbliche Anlagen, Gebäude aller Art, die nicht zu den Wohn- und Wirthschaftsgebäuden auf den Domainen zu zählen sind."

2) „Der Entgeld aus Ablösungen von Prästationen, die zu den eben genannten, nicht unter den Domainen begriffenen Staatsgütern . . . gegen den Staat zu leisten sind."

Ein formelles Gesetz ist zur Veräußerung dieser Besitzungen weder vor Einführung der Verf.-Urkunde, noch durch dieselbe, noch später für erforderlich erklärt worden; dieselbe steht daher den Verwaltungsbehörden unter Genehmigung des Königs zu und kann vom Landtage nicht inhibirt werden. Das Gesetz vom 28. September 1866 über das Maximum der Baarbestände des Staatsschatzes trifft aber auch die Einnahmen aus Veräußerungen dieser Art; es gelten daher hinsichtlich derselben alle diejenigen Regeln, welche oben in Betreff der vorhandenen Einnahme-Ueberschüsse aus Vorjahren entwickelt worden sind.

4) Auch hinsichtlich des Domainen-Verkaufs hat der Landtag kein Veto, da ihm dasselbe in keinem Gesetze beigelegt worden ist. Für die Staatsverwaltung besteht eine gesetzliche Schranke nur durch die Bestimmung der Verordnung wegen der Staatsschulden vom 17. Januar 1820 §. VII (Ges.-Samml. S. 12):

„Zur regelmäßigen Verzinsung und Tilgung überweisen wir hiermit:
1) die sämmtlichen Domainen und Forst-Revenüen
2) den Erlös aus dem von jetzt ab nur gegen baares Geld zu bewirkenden Verkaufe von Staatsgütern oder Ablösungen von Domanialrenten."

Dasselbe Gesetz errichtet im §. VIII die Hauptverwaltung der Staatsschulden und legt ihr die Pflicht auf, dafür zu sorgen,

„daß bei der ferneren Ausführung des Domainenverkaufs die Kaufgelder zur Schuldentilgung verwendet werden."

Da nun sämmtliche Einnahmen des Staats für die Verpflichtungen desselben gegen seine Gläubiger haften und in dem Etat die Gesammtsumme der Einnahmen der Gesammtsumme der Ausgaben gegenübersteht, ohne daß auf bestimmte Einnahme-Titel bestimmte Ausgaben besonders angewiesen werden, so hat die Bestimmung der Verordnung über die Verwendung der Revenüen und Kaufpreise, die aus den Forsten und Domainen erzielt werden, zur Schuldentilgung gegenwärtig keine Bedeutung. Dagegen enthält der in der Verordnung aufgestellte Rechtsgrundsatz für die Verwaltung in der Beziehung eine Beschränkung, daß

in keinem Falle so viele Domainen und Domanialrenten veräußert resp. abgelöst werden dürfen, daß der dafür erzielte Erlös die zur Verzinsung und Tilgung der Schulden zu verwendende Summe übersteigt.

Bei der Höhe, welche die Staatsschuld erreicht hat, ist aber auch diese Beschränkung ohne praktische Bedeutung.

VI.

Hinsichtlich der Ausgaben wird das Recht des Landtages, den Etat zu amendiren, in bedeutend höherem Grade in Anspruch genommen, wie hinsichtlich der Einnahmen, und sehr viele Juristen und Politiker, welche mit Rücksicht auf die Bestimmung des Art. 109 der Verf.-Urk. die Unabhängigkeit der Regierung in Erhebung der bestehenden Steuern und Abgaben von der Bewilligung durch das Etatsgesetz anerkennen, vertreten doch die Ansicht, daß hinsichtlich der Ausgaben die Regierung unbedingt an die Zustimmung des Landtages gebunden ist. Man definirt das Budgetrecht des Landtags geradezu als das Ausgabe-Bewilligungsrecht.[20]) Wenden wir das von uns gefundene Rechtsprinzip:

die Feststellung des Etats ist ein Verwaltungsakt und muß deshalb dem geltenden Recht gemäß geschehen

auch auf den Voranschlag der Ausgaben an, so kann von vornherein kein Zweifel bestehen, daß auch in dieser Hinsicht die Befugniß des Landtags erheblichen Einschränkungen unterliegt.

Die Beantwortung der Frage nach den Grenzen des Ausgabe-Bewilligungsrechts hat wegen des höchst mangelhaften und unausgebildeten Zustandes, in welchem sich gerade dieser Theil des öffentlichen Rechtes in Preußen befindet, besonders große Schwierigkeiten.

Scheinbar sehr nahe liegt freilich eine Lösung, welche man dadurch erhält, daß man das Civilrecht zu Hülfe nimmt. Alle Verpflichtungen des Staates, so kann man deduziren, welche auf civilrechtlich gültigen Gründen beruhen, können von den Gläubigern im Wege des Prozesses gegen den Fiskus geltend gemacht und im Wege der Exekution gegen die Generalstaatskasse eingetrieben werden, gleichviel ob die Bezahlung dieser Forderungen durch den Etat genehmigt worden ist oder nicht. Das Abgeordnetenhaus könne daher solche Ausgaben, welche auf civilrechtlich gültigen Verträgen beruhen, nicht streichen, da es durch seine Beschlüsse den Staat von einmal übernommenen Verpflichtungen nicht liberiren kann. Soweit dagegen der Staat zur Leistung einer Ausgabe nicht civilrechtlich verpflichtet ist, stehe es in seinem freien Belieben, diese Ausgabe zu machen oder zu unterlassen; er könne sich bei dem Entschluß darüber lediglich von Zweckmäßigkeitsrücksichten leiten lassen und es besteht demnach kein rechtliches Hinderniß, daß nicht der Entschluß zur Leistung einer solchen Ausgabe an die Zustimmung des Landtags gebunden sein könne. Dieses Erforderniß sei auch in der That durch die Vorschrift des Art. 99 der Verf.-Urk., welche die Veranschlagung aller Ausgaben durch ein Gesetz verlangt, staatsrechtlich sanktionirt. Man kömmt also durch diese Deduktion zu dem Satze:

Der Landtag kann aus dem, von der Regierung ihm vorgelegten

---

[20]) Vgl. die Denkschrift von Reichensperger, vom 22 Januar 1866 in den Verhandl. des Abgeordn.-Hauses von 1866. Anlagen Nr. 20 und die darin citirten Aeußerungen hervorragender Landtags-Mitglieder.

Etats-Entwurf alle Ausgaben streichen, welche nicht auf einer civilrechtlich gültigen Verpflichtung des Staats beruhen.

Diese Theorie erweist sich aber bei näherer Betrachtung nach allen Richtungen hin unhaltbar; sie dehnt einerseits das Ausgabe-Bewilligungsrecht des Landtages weit über seine Grenzen aus und unterwirft es andererseits einer ganz ungerechtfertigten Beschränkung und sie widerspricht endlich der juristischen Logik.

Der erste dieser Vorwürfe rechtfertigt sich aus der Erwägung, daß es außer den civilrechtlichen Verpflichtungen des Staats auf Grund bereits abgeschlossener Verträge auch zahlreiche Ausgaben des Staats giebt, die zwar bei Feststellung des Etats civilrechtlich noch nicht begründet sind, durch die Gesetze des Staates aber geboten, also staatsrechtlich begründet sind. So besteht sicherlich keine civilrechtliche Obligation des Staats irgend Jemandem gegenüber, noch ferner Gefängnisse zu erhalten und in denselben die verurtheilten Verbrecher zu verpflegen; ebenso wenig eine Verpflichtung, die an den Universitäten und anderen wissenschaftlichen Anstalten aus Staatsfonds jährlich zu vertheilenden Stipendien, und die zur Erhaltung und Benutzung von Kliniken, Laboratorien, Museen, botanischen Gärten und Bibliotheken ꝛc. erforderlichen sächlichen Ausgaben fortzuzahlen. Die civilrechtliche Verpflichtung des Staats, Sold auszuzahlen, besteht dem Soldaten gegenüber nur, wenn derselbe bei der Fahne ist; während der Etatsberathung ist daher für das kommende Jahr eine solche Verpflichtung des Staates noch keinem einzigen Soldaten gegenüber vorhanden, da Niemand zu verlangen berechtigt ist, als Soldat eingezogen oder bei der Fahne behalten zu werden.

Ja jede zur Zeit der Etatsberathung zufällig vakante Beamten- und Offiziersstelle könnte, wenn man das oben formulirte Prinzip zu Grunde legt, vom Landtag gestrichen werden, da zur Zeit Niemand vorhanden ist, der das betreffende Diensteinkommen dem Staat gegenüber zu fordern berechtigt ist.

Dessenungeachtet kann es nicht in dem freien Belieben des Landtags stehen, durch Streichungen im Etat die Gefängnisse, die Universitäten, die Armee, die Aemter gegen den Willen der Regierung zu beseitigen, da dies gesetzlich begründete Staatseinrichtungen sind, die Verwaltung daher, zwar nicht civilrechtlich verpflichtet, aber staatsrechtlich befugt ist, die zu ihrer Erhaltung erforderlichen Ausgaben zu leisten.

Aber auch gegen den Landtag zeigt sich die bekämpfte Theorie als äußerst gefährlich. Die Staatskasse wird nämlich in civilrechtlich gültiger Weise verpflichtet durch alle Verträge, welche die Staatsbeamten innerhalb ihrer ressortmäßigen Kompetenz abschließen; kleine, zur laufenden Verwaltung gehörende Geschäfte werden von den Unterbehörden, wichtigere Verträge über bedeutendere Objekte von den Ressort-Ministern kontrahirt, die nach Maßgabe der Verwaltungsvorschriften je nach Verschiedenheit der Fälle die Zustimmung des Finanz-Ministers und die Genehmigung des Königs einholen müssen. Die Genehmigung des Landtages dagegen ist nur in sehr wenigen Fällen vorgeschrieben, nämlich zur Aufnahme einer Anleihe, zur Uebernahme einer Zinsgarantie und zum Abschluß von Verträgen mit andern Staaten, wenn durch dieselben dem Staate Lasten oder einzelnen Staatsbürgern Verpflichtungen auferlegt werden. Verf.-Urk. Art. 103. 48. Daher wird allerdings Niemand die Zinsen einer Anleihe gegen den Fiskus gerichtlich einklagen können, wenn die Anleihe nicht mit Genehmigung des Landtages kontrahirt worden ist. Bei den übrigen Verträgen des Fiskus, abgesehen von den angeführten Fällen sind dagegen die Rechte des Gläubigers ganz unabhängig davon, ob der Minister durch den Abschluß des Vertrages die Rechte des Landtages verletzt hat oder nicht. Dem Gläubiger steht der Staat als privatrechtliche Korporation gegenüber, die durch ihr gesetzliches Organ rechtswirksam verpflichtet wird; ob dieses Organ in Folge dessen mit einem andern Organ derselben Korporation in Konflikt geräth, ist eine res interna dieser Korporation, die den Gläubiger nicht berührt. Der Fall ist civilrechtlich ganz ebenso zu beurtheilen, als wenn der Vorstand einer Aktien-Gesellschaft einen Vertrag innerhalb seiner gesetzlichen Stellvertretungsbefugniß abgeschlossen hat. Die Aktien-Gesellschaft bleibt dem Dritten gegenüber rechtswirksam obligirt, wenngleich die General-Versammlung der Aktionäre oder der Aufsichtsrath dem Vorstand gegenüber das Recht in Anspruch nehmen, daß der letztere vorher ihre Genehmigung hätte einholen müssen, der Vorstand demnach durch eigenmächtigen Abschluß des Geschäfts ihnen gegenüber eine Pflichtwidrigkeit begangen habe.

Da demgemäß die civilrechtliche Gültigkeit eines von der Regierung abgeschlossenen Geschäfts von der Genehmigung des Landtages unabhängig ist, so muß der Grundsatz, daß der Landtag alle Ausgaben bewilligen muß, die auf einer civilrechtlich gültigen Verpflichtung des Staats beruhen, das Budgetrecht des Landtags größtentheils illusorisch machen. Denn jeder Minister, welcher die Streichung irgend einer von ihm beabsichtigten Ausgabe befürchtet, brauchte bloß einen Vertrag abzuschließen, durch welchen er den Fiskus zur Leistung dieser Ausgabe civilrechtlich obligirt, um dem Landtag die Nichtbewilligung unmöglich zu machen.

Die konstitutionelle Praxis in Preußen hat auch stets anerkannt, daß die civilrechtliche Verpflichtung des Fiskus keine staatsrechtliche Nöthigung zur Bewilligung für den Landtag involvirt, und auch der Reichstag des Norddeutschen Bundes hat durch die Nichtbewilligung der Gelder für das von der Marine-Verwaltung angekaufte Ministerial-Gebäude Gelegenheit gefunden, diese Praxis auch für das öffentliche Recht des Norddeutschen Bundes zu bethätigen. [21])

Die bekämpfte Theorie widerspricht endlich den Regeln der juristischen Logik, indem sie das Verhältniß von Ursache und Wirkung umkehrt. Die civilrechtliche Gültigkeit der Obligation ist eine Folge davon, daß der Kontrahent zum Abschluß des derselben zu Grunde liegenden Geschäfts befugt war; mithin ist die staatsrechliche Befugniß der Verwal-

---

[21]) Vgl. auch Rehm, Zeitschr. f. Staatswissensch. Bd. 25 S. 1 ff. (Baier. Landtags-Verh. v. 1866/69 Beil. Bd. III. S. 387 ff. Pözl, Lehrb. d. Bayer. Verf. Rechts. 4. Aufl. (1870) S. 551 Note 1.)

tungsbehörden, Verträge, die die Staatskasse belasten, abzuschließen, eine Voraussetzung für die rechtswirksame Obligirung des Fiskus; dagegen kann niemals die wirklich eingetretene, civilrechtlich wirksame Verpflichtung der Staatskasse in Folge von Verwaltungshandlungen den Grund dafür abgeben, die letzteren als staatsrechtlich befugte anerkennen zu müssen.

Es ist allerdings ein Postulat der Rechtsordnung, welche in sich harmonisch und ohne Widerspruch sein muß, daß die staatsrechtliche Gültigkeit und die civilrechtliche Wirksamkeit der Verwaltungsakte zusammenfallen. Diese Harmonie wäre aber nur zu erreichen durch die Umkehrung der von uns bekämpften Theorie, nämlich durch die staatsrechtliche Anerkennung des Satzes:

die Verwaltungsbehörden sind nicht im Stande, ohne Genehmigung des Landtages durch irgend welche Rechtsgeschäfte die Staatskasse rechtswirksam zu verpflichten.

Daß dieser Satz aber im heutigen Preußischen Staatsrecht und Norddeutschen Bundesrecht nicht gilt, ist gewiß, und er könnte nur dann überhaupt Geltung erlangen, ohne die Existenz des Staates selbst zu gefährden, wenn entweder durch ein sogenanntes Ordinarium für den größten Theil der Staatsausgaben diese Genehmigung des Landtages ein für alle Mal ertheilt und der jährlichen Erneuerung entzogen wäre, oder wenn der Regierung gesetzlich ein Pauschquantum zur Verfügung gestellt wäre, mit welchem sie die laufenden Ausgaben der Verwaltung bestreiten muß, so daß das Bewilligungsrecht des Landtages nur auf das sogenannte Extraordinarium oder auf Zuschüsse zu dem gesetzlichen Pauschquantum beschränkt wäre.

Die Lösung der Frage kann vielmehr auch hier nur gefunden werden, wenn wir unser oben entwickeltes Grundprinzip: „Die Feststellung des Staatshaushalts-Etats ist ein Verwaltungs-Akt, der dem bestehenden Recht gemäß erfolgen muß," auch in Betreff der Ausgaben zu Grunde legen.

So wenig der Landtag das bestehende Recht und die gesetzlich bestehenden Einrichtungen des Staats direkt durch einseitige Beschlüsse ohne Zustimmung der Krone aufheben kann, ebenso wenig kann er es indirekt thun, durch Verweigerung der zu ihrer Durchführung erforderlichen Ausgaben.

Bis eine Uebereinstimmung der sogenannten gesetzgebenden Faktoren über eine Abänderung erzielt und durch ein Gesetz ausgesprochen worden ist, behält das bestehende Recht seine Gültigkeit und der Landtag ist ebenso gut wie die Krone zur Beobachtung desselben verpflichtet.

Von diesem Grundsatz aus läßt sich das Gebiet, auf welchem der Landtag nach freiem Belieben Ausgaben verweigern darf, von demjenigen abgrenzen, auf dem ihm dieses Recht nicht zusteht; und es ergiebt sich zunächst im Allgemeinen eine Eintheilung der Ausgaben in solche, welche zur Durchführung der Gesetze und zur Erhaltung der bestehenden Einrichtungen erforderlich sind, und in solche, welche dazu nicht erforderlich sind.

VII.

Mit dem allgemeinen Satze, daß der Landtag nur diejenigen Ausgaben streichen darf, welche zur Durchführung der Gesetze und zur Aufrechterhaltung der bestehenden Staats-Einrichtungen nicht erforderlich sind, ist die Schwierigkeit keineswegs gelöst. Nur für einen Theil der jährlichen Ausgaben ist diese Regel zur unmittelbaren Anwendung geeignet und genügend. Nämlich einerseits hinsichtlich solcher Ausgaben, welche zweifellos und unbestritten willkürliche sind, wie z. B. die Unterstützung einer wissenschaftlichen Entdeckungsreise, oder von Heiden-Missionen, die Veranstaltung von Ausgrabungen von Antiquitäten, die Anlage einer neuen Eisenbahn, die Aussetzung von Staatspreisen für Pferderennen u. dgl. Diese Ausgaben kann der Landtag nach freiem Belieben ganz oder zum Theil streichen, und die Regierung darf diese Ausgaben ohne Bewilligung des Landtages nicht machen. Andererseits ist die Regel ebenfalls genügend hinsichtlich solcher gesetzlich begründeter Ausgaben, bei denen nicht blos der Titel, sondern auch die Höhe und der Modus durch Gesetz feststeht, z. B. die Verzinsung und Amortisation der Staatsschuld, die Dotation des Kronfideikommiß-Fonds, die Zahlung von Renten, Pensionen, Apanagen und die gesetzlich fixirte Ausstattung der Bisthümer u. dgl. Hinsichtlich dieser Ausgaben hat der Landtag nur eine Kontrole darüber, daß die gesetzlich feststehende Höhe nicht überschritten wird, innerhalb der gesetzlichen Höhe aber kein Bewilligungs- und folglich auch kein Streichungsrecht. Denn die Leistung dieser Ausgaben ist nicht der Entschließung der Verwaltungsbehörden anheimgegeben, sondern durch Gesetz vorgeschrieben; ihre Aufnahme in den Etat hat daher nur eine kalkulatorische Bedeutung.

Zwischen diesen beiden Endpunkten liegt aber ein sehr ausgedehntes Verwaltungsgebiet, auf welchem zwar Ausgaben durch die Gesetze zweifellos erforderlich gemacht sind, ohne daß aber die Art und Weise der Verwendung und die Höhe der dafür erforderlichen Geldsummen speziell geregelt ist. So ist es beispielsweise der Staatsverwaltung überlassen, die Anzahl der mittleren und unteren Behörden zu bestimmen und daher auch zu verändern, sofern dieselbe nicht ausnahmsweise durch ein Gesetz fixirt ist. In den letzten Jahren sind einige Oberpost-Direktionen aufgehoben und ihre Bezirke mit anderen vereinigt worden; ebenso ist es möglich, die Anzahl der Landraths-Aemter, der Bezirksregierungen, der Bergämter und Ober-Bergämter, der vom Staate unterhaltenen Gymnasien, der Zoll- und Steuerämter u. s. w. zu vermehren oder zu verringern. Ferner gehört hierhin die Bestimmung der Anzahl der Mitglieder, mit welchen die kollegialischen Behörden zu besetzen sind; wie viele Mitglieder an einem gewissen Kreis- oder Appellationsgericht, an einer Regierung, einer Universität u. s. w. anzustellen sind, ist dem Ermessen der Staatsverwaltung anheimgegeben. Endlich ist das Diensteinkommen der einzelnen Beamten nicht durch Gesetz bestimmt, sondern die Normirung desselben gehört ebenfalls in das Gebiet der Verwaltung.

Es ist offenbar die Möglichkeit geboten, ohne die gesetzlich gezogenen Grundlinien der Aemter-Organisation zu verletzen, dieselbe in sehr verschiedener Weise und mit sehr verschiedenen Kostenbeträgen durchzuführen. Es kann vorkommen, daß die Regierung für einen gewissen Verwaltungszweig 30 kollegialische Mittelbehörden mit durchschnittlich 25 Mitgliedern, die einen Durchschnittsgehalt von 1500 Thlrn. beziehen, für erforderlich hält und demgemäß im Etat zur Besoldung dieser Beamten 1,125,000 Thlr. in Ansatz bringt, das Abgeordnetenhaus dagegen 24 derartige Behörden zu 20 Mitgliedern mit 1200 Thlrn. Gehalt für genügend erachtet und demnach nur 576,000 Thlr. zu dem angegebenen Zweck bewilligt. Bei dem Etat des auswärtigen Amtes pflegt sehr oft die Nothwendigkeit gewisser Gesandtschaften und anderer diplomatischer Stellen und das Bedürfniß, dieselben in dem vorgeschlagenen Maße zu dotiren, in Frage gezogen und diese oder jene Etatsposition gestrichen oder herabgesetzt zu werden. Ebenso ist wiederholt der Militairverwaltung in energischer Weise der Vorwurf gemacht worden, daß sie eine Anzahl sehr hoch ausgestatteter Stellen von Gouverneuren, Platzkommandanten, Inspekteuren u. dgl. überflüssiger Weise fortbestehen lasse. Nicht minder sind die, in mehreren Städten bestehenden Königlichen Polizeiverwaltungen Angriffen Seitens des Landtages ausgesetzt. Ebenso gut ist es natürlich möglich, daß auf jedem andern Verwaltungsgebiet sich eine Opposition gegen die Fortdauer gewisser Aemter geltend macht und der Landtag die Geldmittel für eine Bezirks-Regierung, einen Gerichtshof, eine Landes-Universität u. dgl. bei der Berathung des Etats verweigert.

Hier giebt das von uns aufgestellte Prinzip direkt und unmittelbar keine Lösung, denn die Frage, welche Landtag und Regierung verschieden beantworten, ist eben die, welche Ausgaben resp. Einrichtungen zur wirksamen und zweckmäßigen Ausführung der Gesetze erforderlich sind. Aus demselben Grunde ist das von v. Mohl, Staatsrecht des Königreichs Würtemberg Bd. I. S. 624 ff. aufgestellte Prinzip, mit welchem v. Gerber, Grundzüge des deutschen Staatsrechts S. 162 ff. vollkommen übereinstimmt, gänzlich unbrauchbar. v. Mohl unterscheidet nothwendige und blos nützliche Ausgaben und lehrt, daß der Landtag Ausgaben, welche thatsächlich oder in Folge einer Rechtspflicht nothwendig sind, genehmigen müsse, während er blos nützliche nach seinem Ermessen verweigern dürfe. Wie aber, wenn die Regierung eine Ausgabe als durchaus nothwendig erachtet, der Landtag dagegen die Nothwendigkeit verneint? [22]) Man könnte nun mit Rücksicht auf den

[22]) v. Mohl a. a. O. S. 629. 631 meint, die Regierung solle alsdann die Ausgabe leisten und abwarten, ob sie deswegen angeklagt werde. Könne sie vor dem Staatsgerichtshofe die Nothwendigkeit beweisen, so müsse der letztere die Minister freisprechen. Ist aber die Ausgabe eine blos nützliche, so würde der Minister, der sie ohne ständische Bewilligung geleistet hat, „vor den Staatsgerichtshof gestellt und von demselben verurtheilt zu werden verdienen und erwarten müssen. Selbst der Beweis einer absoluten Widersinnigkeit des Verfahrens der Stände könnte den Ministern zur gesetzlichen Rechtfertigung nicht dienen. (!). Ob es auf das Strafmaß von Einfluß wäre, hätte der Richter zu ermessen." Es soll also die nachträgliche Entscheidung des Staatsgerichtshofes über die rein scholastische Frage, ob eine Ausgabe nothwendig oder blos sehr nützlich war, den Ausschlag geben, und der Regierung wird

Grundsatz der Verfassung, daß die vollziehende Gewalt (die Verwaltung) dem Könige allein zusteht, die Lehre aufstellen, daß es ausschließlich Sache der Regierung sei, die Art und Weise, wie die bestehenden Gesetze durchzuführen seien, zu bestimmen, und daß der Regierung, da sie für die Durchführung der Gesetze verantwortlich sei, auch über die Anzahl und Besetzung der Behörden und über die anderweitigen Anstalten, welche zur Durchführung der Gesetze nöthig seien, die alleinige Entscheidung gebühre. Daraus würde folgen, daß der Landtag nicht durch Abstriche im Etat dieses Recht der Regierung beschränken und die Verwaltung durch die von ihm gezogenen finanziellen Grenzen zwingen dürfe, die Gesetze — wenigstens ihrer Ansicht nach — unvollkommen und ungenügend durchzuführen. Durch diese Theorie wird aber das Ausgabebewilligungsrecht des Landtages für den wichtigsten und umfangreichsten Theil des Etats negirt oder auf eine bloße Berathung und Kritik herabgedrückt. Auf allen Gebieten der Staatsverwaltung, auf denen die Aemter-Organisation nicht durch Gesetze ganz speziell geregelt ist, könnte die Regierung einen maßlosen Luxus mit Beamten treiben. Fast alle sächlichen Ausgaben für die Behörden, Schulen, Institute und Anstalten des Staats würden ihrer Höhe nach vollständig in das Belieben der Regierung gestellt sein. In dieser Weise ist das Budgetrecht nirgends aufgefaßt worden und es wäre auch in der That nur der Schein eines Rechtes. Ueberdies wäre in vielen Fällen der Streit unvermeidlich sein, ob diese oder jene Ausgabe überhaupt noch in das vom Gesetze umschriebene Gebiet fällt, oder den Charakter einer willkürlichen Ausgabe hat.

Andererseits ist die Behauptung aufgestellt worden, daß die Regierung nur diejenigen Ausgaben machen darf, welche die Regierung und der Landtag übereinstimmend für erforderlich halten. Der Landtag dürfe allerdings keine Ausgabe verweigern, die durch Gesetze begründet ist; die Entscheidung darüber aber, ob eine Ausgabe durch die Gesetze geboten und welcher Betrag erforderlich sei, könne nicht einseitig von der Regierung getroffen werden, sondern nur in Uebereinstimmung mit der Landesvertretung. Damit also die Regierung eine Ausgabe leisten darf, müsse erst der Landtag sein Einverständniß, daß diese Ausgabe in concreto und zwar in der bestimmten Höhe durch die Gesetze begründet und angemessen sei, erklärt haben.[23]) Wir werden unten sehen, daß diese Deduction allerdings eine Wahrheit enthält. Wenn man aber dieselbe auf die alljährliche Bewilligung des Etats in Anwendung bringt, so hat sie zur Folge, daß die ganze Staatsorgani-

---

zugemuthet, die Gefahr einer Anklage oder Verurtheilung zu tragen, selbst wenn die Nichtbewilligung der Ausgabe „absolut widersinnig“ war. Statt einer sachlichen Lösung der staatsrechtlichen Streitfrage wird lediglich auf das formelle Universal-Auskunftsmittel des konstitutionellen Staatsrechts, die Minister-Anklage verwiesen. — v. Gerber weiß in Ermangelung eines Staatsgerichtshofes keinen anderen Ausweg, als den „fortgesetzter Einigungsversuche.“ Das ist also das offene Eingeständniß, daß sein Prinzip keine rechtliche Lösung bietet.

[23]) Diese Ansicht theilt auch Pözl, Bayer. Verfassungsrecht S. 552 Note 6 (4. Aufl. 1870). Vgl. Fricker, Zeitschr. f. Staatswissenschaften Bd. 17 S. 689, 690.

sation und Verwaltung der Parteiwillkür der jedesmaligen Landtags-Majorität anheimgegeben wird. Fast alle Behörden und Anstalten hätten einen provisorischen Charakter und müßten von Jahr zu Jahr durch einen zwischen Regierung und Landtag zu Stande kommenden Pakt verlängert werden. Denn es giebt keine Garantie dafür, daß die Ansichten des Landtags über die Zweckmäßigkeit oder gesetzliche Nothwendigkeit gewisser Behörden oder Staatsanstalten sich gleich bleiben; sie können vielmehr von Jahr zu Jahr oder von einer Legislatur-Periode zur andern sich wesentlich ändern; oder es kann die Mißliebigkeit eines Ministers Veranlassung sein, ihm Mittel zu verweigern, die die Majorität des Landtags einem Parteigenossen ohne Bedenken gewährt haben würde. Da die Abgeordneten über die Motive ihrer Abstimmungen keine Rechenschaft abzulegen haben, so läßt sich niemals feststellen, ob sie die Streichung einer Ausgabe beschlossen haben, weil sie dieselbe nicht für nothwendig erachtet haben, oder trotzdem sie dieselbe für nothwendig erachtet haben. Die Regierung wäre bei der Geltung dieser Theorie dem Landtag gegenüber völlig machtlos; den unbegründetsten und zweckwidrigsten Beschlüssen müßte sie sich widerstandslos fügen. In demselben Maße, in dem die vorhin erörterte Ansicht das Budgetrecht des Landtages vernichten würde, müßte diese Theorie das Budgetrecht des Landtags übermäßig erweitern und das selbstständige Regierungsrecht der Krone illusorisch machen.

Die richtige staatsrechtliche Lösung der wichtigen Frage ergiebt sich, wenn man mit dem bereits entwickelten Prinzip, daß für die Aufstellung des Etats das geltende Recht bindend sei, noch einen zweiten Grundsatz in Verbindung bringt, dessen Richtigkeit nicht minder klar und einleuchtend ist, der dessenungeachtet aber häufig genug und zwar gerade in Hinsicht auf den Etat verkannt wird. Er betrifft die bindende Kraft der Landtagsbeschlüsse.

Es folgt aus der Natur des Staates, daß alle Aeußerungen des Staatswillens ihre rechtliche Kraft behalten, wenngleich die Personen wechseln, welche berufen waren als Organe des Staates diese Willensäußerungen zu Stande zu bringen. Ganz zweifellos, unbestritten und für Jedermann klar ist dieser Grundsatz bei Akten der Gesetzgebung und bei völkerrechtlichen Verträgen. Solche Willenserklärungen behalten ihre Rechtswirkung, wenngleich alle dabei betheiligten physischen Personen, Monarchen, Minister, Deputirte, gestorben oder aus dem Amte geschieden sind; denn es war eben nicht der Privatwille jener Personen, der in einem Gesetz oder einem Staatsvertrage Ausdruck fand, sondern jene Personen waren berufen, in ihrer amtlichen Stellung den Staatswillen zu Stande zu bringen und auszusprechen. Mögen später auch andere Personen jene Stellen im Staate inne haben, welche vielleicht in entgegengesetztem Sinne gehandelt hätten: der Staat als solcher bleibt derselbe, seine Persönlichkeit überdauert die wechselnden Träger der Staatsgewalt, sein Wille wirkt daher, so wie er einmal erklärt ist, fort, bis in verfassungsmäßiger Weise eine Abänderung oder Aufhebung dieses Willens ausgesprochen wird.

Derselbe Grundsatz findet ebenso Anwendung auf die gesammte

Thätigkeit aller Behörden. Alle Anordnungen, Verfügungen, Entscheidungen u. s. w., die einmal rechtswirksam ergangen sind, bleiben in Kraft und gelten als Willensäußerungen dieser Behörden, also des Staates, wenngleich die Behörden vielleicht mit Männern besetzt sind, die jene amtlichen Akte ihrer Vorgänger aus juristischen, politischen, technischen u. a. Gründen für verwerflich halten.

In Beziehung auf den Landtag ist aber vielfach eine andere Ansicht verbreitet. Der Landtag soll der jedesmaligen Volksstimmung Ausdruck geben; er kann aufgelöst werden, wenn die Regierung Zweifel hat, ob er in seiner augenblicklichen Zusammensetzung diesem Erforderniß entspricht, und von Zeit zu Zeit muß er erneuert werden, damit die wechselnden Ansichten des Volkes sich mittelst der Neuwahlen manifestiren können. Die Abgeordneten sollen lediglich nach ihrer gewissenhaften Ueberzeugung von dem, was zum wahren Heil des Volkes gereicht, stimmen und sind in dieser Beziehung Niemandem verantwortlich. Die Erfahrung lehrt demgemäß, daß in demselben Staate der Landtag in verschiedenen Legislatur-Perioden, ja unter Umständen sogar in verschiedenen Sessionen derselben Legislatur-Periode, ganz entgegengesetzte Beschlüsse faßt, und daß, je nach dem Ausfall der Wahlen, der Landtag eines Jahres billigt, was der Landtag des vorigen Jahres auf das heftigste angegriffen hat, und dasjenige verwirft, was der letztere als dringend wünschenswerth bezeichnet und von der Regierung gefordert hat. Den Landtag binden daher die Beschlüsse des Landtags früherer Jahre nicht; der Zweck periodischer Neuwahlen und Landtags-Auflösungen wäre ja zum großen Theil vereitelt, wenn ein Landtag auch für seine Nachfolger Schranken aufstellen könnte.

Diese Argumentation ist aber nur richtig, wenn man die politische Seite allein in das Auge faßt, und die staatsrechtliche ignorirt. Für den Landtag gelten durchaus dieselben Grundsätze wie für die Regierung; politisch sind beide ganz frei; durch staatsrechtliche Akte sind beide gebunden. Ein Ministerwechsel kann einen vollständigen Umschwung in der Politik eines Staates herbeiführen, die einmal rechtsgültig zu Stande gekommenen staatsrechtlichen Akte aber affizirt er nicht. Gerade so verhält es sich mit den Beschlüssen des Landtages. Was von einem Landtage mit staatsrechtlicher Kraft beschlossen worden ist, das erstreckt seine Wirkungen auch auf die Folgezeit, gleichviel ob der spätere Landtag den Beschluß billigt oder mißbilligt; was staatsrechtlich ohne Wirkung ist, kann auch den späteren Landtag, und wenn er aus genau denselben Personen bestehen sollte, nicht binden. So wie es daher einerseits über jeden Zweifel feststeht, daß ein Gesetz, zu welchem der Landtag eines Jahres seine Zustimmung ertheilt hat, in Geltung bleibt, wenngleich spätere Landtage mit Bedauern auf die Ertheilung dieser Zustimmung blicken und etwa durch eine Resolution aussprechen, daß nach ihrer Ueberzeugung jenes Gesetz weder mit dem wohlverstandenen Interesse noch mit dem Rechtsbewußtsein des Volkes in Uebereinstimmung steht; so ist es andererseits ebenso unbestritten, daß Resolutionen, Anträge, Adressen und ähnliche Willensäußerungen des Landtages, welche eine — unter Umständen sehr hohe — politische, aber keine staatsrechtliche

Bedeutung haben, den Landtag künftiger Jahre nicht binden. Ein Gesetzentwurf, der nicht zum Gesetz geworden, vom Landtag aber durchberathen und amendirt worden ist, kann in der nächsten Sitzungsperiode im ganz entgegengesetzten Sinne amendirt werden; eine definitiv erzielte Willenseinigung bleibt bindend und unanfechtbar.

In dem konstitutionellen Staate ist eine Art des juristischen Begriffes des Vertrages bei der Gesetzgebung und Regierungsthätigkeit zur Anwendung gebracht worden, so weit die Zustimmung des Landtages staatsrechtlich vorgeschrieben ist. Man darf allerdings nicht an die obligatorischen Verträge des Civilrechts denken; es handelt sich nicht um einseitige oder zweiseitige Leistungen, welche Regierung und Landtag gegeneinander übernehmen; es ist vielmehr lediglich von der Erklärung eines Einverständnisses über Akte der Staatsgewalt, von einer Vereinbarung zwischen Regierung und Volksvertretung als Organe eines einheitlichen höheren Gesammtwesens die Rede. Die Vertragsnatur äußert sich aber darin, daß das einmal erklärte und rechtswirksam gewordene Einverständniß nicht einseitig von einem der beiden Theile wieder beseitigt werden kann. Die einmal zu Stande gekommene Einigung zwischen Regierung und Landtag kann, gerade wie der Vertrag auf dem Gebiete des Civilrechts, nicht durch Dissens, sondern nur durch contrarius consensus d. h. durch anderweitige Willenseinigung wieder aufgehoben oder abgeändert werden. Ohne diesen Grundsatz würde das Grundprinzip des konstitutionellen Staates, daß das bestehende Recht nur durch Uebereinstimmung der Krone und des Landtages abgeändert werden kann, geradezu auf den Kopf gestellt werden.

Wenden wir nun diesen Grundsatz auf den Etat an, so erscheint es zwar auf den ersten Blick, als wenn der Landtag hier alljährlich ganz ungebunden wäre, denn jeder Etat bezieht sich nur auf ein Jahr; seine Feststellung ist in jedem Jahr ein durchaus selbstständiger Akt und der Landtag scheint daher, wie bei jedem anderen, seiner Beschlußfassung unterbreiteten Gegenstand die volle Freiheit der Entschließung zu besitzen. Indeß bei näherer Betrachtung zeigt sich die Haltlosigkeit dieser Auffassung. Jeder Etat wird allerdings immer nur für ein Jahr erlassen und er enthält auch in der That nur für ein Jahr die Rechnung über die zu erwartenden Einnahmen und Ausgaben; seine finanzielle Bedeutung und Funktion ist auf das betreffende Verwaltungsjahr beschränkt. Materiell aber reicht seine Wirkung weit über den Zeitraum eines einzelnen Jahres hinaus. Es kömmt hier lediglich auf die Natur der einzelnen Ausgabe-Posten an. Es giebt Verwaltungsmaßregeln, die in einem Jahre erledigt sind und deren Kosten daher in dem Zeitraum eines Jahres konzentrirt sind; zahlreicher und wichtiger dagegen sind Verwaltungsmaßregeln und Einrichtungen, welche sich auf einen längeren Zeitraum erstrecken, deren Gesammtkosten daher nicht in einem einzelnen Jahresbudget zusammengefaßt sind, sondern welche stückweise in den Budgets mehrerer Jahre erscheinen.

Der Wortlaut der Verfassung sagt durchaus nicht, daß alle Ausgaben für jedes Jahr bewilligt werden müssen, sondern er schreibt nur vor, daß sie für jedes Jahr veranschlagt werden sollen. Es wäre ein Widerspruch, wenn die Gesetzgebung dauernde Einrichtungen, wie Gerichtshöfe und andere Behörden anordnete, die wirkliche Existenz derselben aber von Jahr zu Jahr von der Bewilligung der erforderlichen Mittel Seitens des Landtags abhängig machte. Kein Widerspruch gegen die dauernden Einrichtungen des Staates aber ist es, wenn die Gesetzgebung die alljährliche Zusammenstellung der Einnahmen und Ausgaben vorschreibt, um die Ordnung in den Finanzen und die Uebersicht über den Stand der Staatsverwaltung zu ermöglichen. Das Etats-Gesetz gilt also allerdings immer nur auf ein Jahr; es kann bei ihm sowohl seiner Natur als dem Wortlaut nach nicht davon die Rede sein, daß es wie ein anderes Gesetz fortgilt, bis es im Wege der Gesetzgebung aufgehoben wird. Dies ist aber eben nur richtig von dem Etats-Gesetz als Ganzem, als Finanz-Plan für einen bestimmten Zeitabschnitt. Auf alle einzelnen Positionen des Etats dies zu übertragen, ist nicht nur ungerechtfertigt, sondern geradezu widersinnig. Die Verwaltung des Staates ist eine ewige, sie dauert so lange der Staat dauert; sie kann nicht von Jahr zu Jahr so zu sagen durch Uebereinkommen prolongirt werden. Die Feststellung ihrer Kosten für gewisse Zeitabschnitte ist nur eine Zweckmäßigkeits-Maßregel. Der im Etat erscheinende Jahresbetrag der Kosten dauernder Staats-Einrichtungen hat keine selbstständige Bedeutung, sondern ist nur die zeitlich begrenzte Manifestirung eines zeitlich unbegrenzten Wesens, ebenso wie die jährlichen Leistungen bei einer ewigen Rente.

Es ist daher erforderlich, den Charakter des Etats-Gesetzes als Gesammt-Uebersicht über die Staatswirthschaft eines Jahres zu unterscheiden von dem Charakter der einzelnen Positionen. Hinsichtlich der letzteren sind folgende Fälle zu unterscheiden:

Manche Ausgaben sind nur einmalige; sie sind zur Befriedigung eines Bedürfnisses der Staatsverwaltung berechnet, welches dem betreffenden Etats-Jahre eigenthümlich ist und dem durch diese Ausgabe definitiv abgeholfen wird. Dieselbe Ausgabe kann sich im nächsten Jahre nicht wiederholen, sondern nur eine ähnliche, und für die letztere kann der Landtag die Genehmigung verweigern oder ertheilen, je nachdem er das Bedürfniß anerkennt oder nicht. Bewilligt der Landtag beispielsweise in einem Jahre zur Erweiterung und Reparatur einiger Kreisgerichtsgebäude die Summe von 50,000 Thlr., so verpflichtet ihn dies keineswegs, im nächsten Jahre wieder dieselbe Summe zur Erweiterung oder Reparatur von andern Kreisgerichtsgebäuden zu gewähren. Denn jede einzelne dieser Ausgaben hat einen individuellen Charakter. Hieran schließt sich zunächst eine Kategorie von Ausgaben, die zwar auch im Etat als einmalige oder außerordentliche bezeichnet werden, die sich jedoch auf den Zeitraum mehrerer Jahre vertheilen. Wenn die Regierung für den Bau einer großen Kaserne oder eines National-Museums oder eines Universitäts-Gebäudes oder eines Parlamentshauses u. dgl. eine halbe Million Thaler fordert, den Bau aber im Lauf von 5 Jahren ausführen will, so wird in den Etat des einzelnen Jahres nur die Summe von 100,000 Thlr. aufgenommen; der Landtag aber, welcher diesen Betrag als erste Rate bewilligt, spricht dadurch seine Einwilligung zu dem ganzen Unternehmen aus und ertheilt daher implicite seine Genehmigung auch zu den folgenden Jahres-Raten. Ein solcher Beschluß muß für die folgenden Sessionen bindend sein; selbst wenn inzwischen Neuwahlen stattgefunden haben sollten, besteht eine staatsrechtliche Personen-Identität zwischen den Landtagen der verschiedenen Jahre. Es widerspricht der Vernunft, daß der Landtag durch Verweigerung der späteren Raten ein Bauwerk halb fertig stehen lassen und der Regierung die Vollendung unmöglich machen dürfe; die Regierung ist ferner staatsrechtlich zweifellos befugt und im eigenen finanziellen Interesse des Staates verpflichtet, wenn der Landtag das Bau-Projekt genehmigt hat, auf mehrere Jahre hinaus Kontrakte mit Lieferanten und Baumeistern abzuschließen, wenngleich die wirklichen Ausgaben in jedem Jahre nur die Höhe der im Etat in Ansatz gebrachten Rate erreichen dürfen; sie hat daher auch in den folgenden Jahren die Mittel zur Erfüllung dieser Verpflichtungen zu beanspruchen. Nur wenn der Landtag und die Regierung darüber einverstanden sind, daß mit Rücksicht auf ungünstige finanzielle Zeitverhältnisse oder andere dringende Ausgaben die Fortsetzung solcher Bauten unterbrochen werden soll, kann die betreffende Position aus dem Etats-Entwurf gestrichen werden. Die Genehmigung des Landtages kann daher, wie die eben erwähnten Fälle beweisen, weiter reichen, als durch die Etats-Position eines einzelnen Jahres ausgedrückt ist, und man pflegt dies im Etats-Gesetz dadurch anzudeuten, daß der betreffenden Summe die Bezeichnung als „Rate" beigefügt wird. Unter Umständen kann eine solche Bewilligung auf eine lange Reihe von Jahren hinaus wirksam sein und sehr bedeutende Summen in sich schließen, z. B. die Genehmigung zur Anlage einer großen Festung, eines Kriegshafens, eines Kanals, zur Erbauung von Panzer-Schiffen u. dgl.

Sodann giebt es Ausgaben, die auf eine unbestimmte Reihe von Jahren bis zur Erreichung eines gewissen Zwecks bewilligt werden, z. B. die Kosten der Landesvermessung und Katastrirung, der Grundsteuer-Ausgleichung, der Renten-Ablösungen und Auseinandersetzungen u. dgl. Aehnlichkeit hiermit haben Ausgaben, welche für die Lebenszeit gewisser Personen fortdauern, weil die letzteren rechtsgültige Ansprüche auf diese Emolumente haben.[24]) In allen diesen Fällen bedarf die Regierung allerdings der Anerkennung des Landtages, daß diese Ausgaben aus gesetzlichen Gründen oder aus Zweckmäßigkeitsgründen erforderlich sind; hat der Landtag diese Anerkennung aber einmal ertheilt durch Genehmigung der einzelnen jährlichen Zahlung, so wirkt diese Anerkennung von Jahr zu Jahr fort; ein späterer Landtag kann sie nicht einseitig widerrufen.

Im Gegensatz zu allen diesen Ausgaben, welche auf eine bestimmte oder unbestimmte Reihe von Jahren, aber immer doch nur für einen begrenzten Zeitraum erforderlich sind, stehen sehr zahlreiche andere

---

[24]) Ein Beispiel bieten die Bezüge der ehemaligen Hannoverschen, Kurhessischen rc. Beamten, welche in dem Preußischen Staatsdienste keine Verwendung haben finden können oder welche ein höheres Gehalt bereits bezogen hatten, als mit dem Preußischen Amt, in welches sie eingetreten sind, etatsmäßig verbunden ist.

Ausgaben, welche dauernden Staatseinrichtungen dienen und daher selbst den Charakter der Dauer haben. Es ist über die Art und Weise, wie die gesetzliche Organisation der Behörden und Institute thatsächlich durchzuführen, und welche Geldsumme dafür zu vewenden ist, allerdings ein Einverständniß zwischen der Regierung und dem Landtage erforderlich, es genügt aber, daß dieses Einverständniß einmal erzielt ist; es braucht nicht alljährlich erneuert zu werden und kann nicht alljährlich einseitig von der Regierung oder von dem Landtage in Frage gestellt werden, sondern es dauert so lange fort, bis über eine Aenderung der bisherigen Einrichtungen ein neues wechselseitigesEinverständniß erzielt worden ist.

Wird durch die Gesetzgebung die bestehende Organisaton der Behörden verändert, werden neue Behörden eingerichtet u. s. w., so findet die Durchführung dieser Gesetze sofort ihren Ausdruck im Etat. Die Reihe der Etats des Norddeutschen Bundes bildet eine Geschichte der Bundes-Institutionen.

Durch die Verfassung selbst waren einige Bundesbehörden eingeführt, spätere Gesetze fügten den Rechnungshof, die Normal-Eichungs-Kommission, das Bundes-Oberhandelsgericht, die Bundesbehörde für das Heimathswesen hinzu und dem entsprechend erweiterte sich der Etat des Norddeutschen Bundes von Jahr zu Jahr, indem man die Kosten, welche durch die Einrichtung und Erhaltung dieser Behörden erwachsen, in denselben aufnahm, gleichsam als finanziellen, etatsmäßigen Niederschlag der fortschreitenden Ausbildung der Bundesverfassung. Jede Bewilligung dieser Art Seitens des Reichstags bezieht sich nicht auf ein oder mehrere Jahre, sondern, so zu sagen, auf die Ewigkeit, d. h. sie wirkt fort, bis diese Behörden abgeschafft oder abgeändert werden.

Für den Preußischen Staat war der historische Hergang nur in sofern anders, als bei Einführung der Repräsentativ-Verfassung nicht ein ganz neuer Staat organisirt zu werden brauchte, sondern ein bestimmter Behörden-Organismus vorhanden war. Bei der ersten Feststellung des Etats wurde derselbe zu Grunde gelegt und durch diesen Etat in Beziehung auf seine finanzielle Seite von Regierung und Landlag anerkannt. Derselbe hat in den inzwischen verflossenen 20 Jahren die bedeutsamsten Veränderungen erfahren; dieselben waren aber nur unter Uebereinstimmung von Regierung und Landtag möglich und jede Abänderung erlangt wieder den Charakter der Dauer für die Folgezeit. Die in dieser Zeit erfolgte Einrichtung und Besetzung der Kreis- und Appellationsgerichte, der Bergbehörden, der Eisenbahn-Direktionen und Kommissariate, der Gerichts- und Verwaltungsbehörden in den neu erworbenen Provinzen u. s. w. ist auf die Dauer berechnet, sie ist nicht von Jahr zu Jahr durch immer von Neuem zu erzielendes Einverständniß zu prolongiren, sondern im Gegentheil nur durch Einverständniß zwischen Regierung und Landtag zu verändern Daraus ergiebt sich:

1) Die Regierung kann einseitig die Anzahl der bestehenden Behörden nicht vermehren; sie kann ebenso wenig die bisherige Zahl der besoldeten Mitglieder der einzelnen Behörden vergrößern, sie kann end-

lich nicht den einzelnen Beamten ihr Diensteinkommen erhöhen, abgesehen von dem regelmäßigen, den bestehenden Vorschriften und den Ansätzen des Etats entsprechenden Aufrücken in höhere Gehaltsklassen.

2) Andererseits kann ebensowenig der Landtag einseitig die Mittel für bereits bestehende und von ihm früher genehmigte Behörden versagen, oder die Mittel nur für eine geringere Anzahl von Mitgliedern bewilligen oder die Gehälter — für die künftig anzustellenden — Beamten herabsetzen. Eine Ausnahme macht natürlich der Fall, wenn ein gewisses Amt ausdrücklich nur als provisorisches, vorübergehendes errichtes worden ist.

3) Endlich kann der Landtag nicht einseitig die Kosten für ein bisher bestehendes dauerndes Amt als „künftig wegfallend" d. h. nur für so lange Zeit, als der gegenwärtige Inhaber dasselbe verwaltet, bewilligen; weil es sonst bei allen Aemtern im ganzen Bereich der Staatsverwaltung die Befugniß an sich reißen könnte, bei jeder Vakanz einseitig die Neubesetzung des Amtes zu verhindern. Ist aber im Etatsgesetz, also mit Zustimmung der Krone resp. Regierung eine solche Bewilligung mit dem Zusatz „künftig wegfallend," bezeichnet, so steht es ebenso wenig dem Ministerium zu, die Stelle bei dem Wegfall des zeitigen Inhabers von Neuem zu besetzen, ohne daß der Landtag die Genehmigung dazu ertheilt.

4) Was von den persönlichen Ausgaben gilt, und hier am einfachsten und deutlichsten in die Erscheinung tritt, findet auch auf die sächlichen Ausgaben Anwendung. So wenig der Landtag die Gehälter für Richter, Regierungsräthe u. s. w. zu verweigern, staatsrechtlich befugt ist, ebenso wenig kann er die Kosten für Beleuchtuung und Heizung der Gerichts- und Regierungs-Gebäude, für Schreibmaterialien, für Tische, Stühle und andere Utensilien verweigern. Nur ist die Höhe dieser Ausgaben nicht von der freien Willensbestimmung der Regierung und des Landtages abhängig, sondern zum Theil wenigstens durch thatsächliche Verhältnisse zwingender Natur, durch die Preise von Holz, Kohlen, Petroleum, Papier u. s. w. oder durch den Umfang, den der Geschäftsbetrieb erreicht, gegeben. Ist aber einem bestimmten Institut, z. B. einer Bibliothek, einer Klinik, einem Gymnasium, einer Behörde ein fixirter Fond für Bestreitung dieser Ausgaben zugewiesen, so kann weder die Regierung einseitig denselben erhöhen, noch der Landtag einseitig denselben herabsetzen oder streichen.

Die von uns entwickelte Theorie darf man nicht verwechseln mit der Theilung des Etats in ein dauerndes, fortgeltendes Ordinarium und ein jährlich zu bewilligendes Extraordinarium. Zwar beruht die Einführung eines Ordinariums auf dem richtigen Gedanken oder vielmehr Gefühl, daß der Bestand der dauernden, gesetzlich begründeten Staatseinrichtungen, die ordnungsmäßige Fortführung der Verwaltung, unabhängig sein soll von der alljährlich zu erneuernden Bewilligung des Landtages; aber statt die Rechtssätze selbst zu entwickeln, deren Befolgung die Ausartung des Budgetrechts verhütet, greift man bei Einführung des Ordinarium zu einer mechanischen Sicherheitsmaßregel, die nur theilweise den gewünschten Erfolg erreicht. Man kann sich die Einrichtung eines Ordinarium in doppelter Weise denken. Die eine besteht in der Gewährung eines Pauschquantums für die laufenden Verwaltungskosten, dessen Betrag gesetzlich fixirt ist. Eine Uebersicht über die Verwendung dieses Pauschquantums wird dem Landtag zwar vorgelegt, „zur Kenntnißnahme und Erinnerung", er hat das Recht der Kontrole und Kritik, aber er kann die Summe nicht schmälern, selbst wenn die Art ihrer Verwendung von ihm mißbilligt wird. Jeder Mehrbetrag dagegen, um welchen die Bedürfnisse der Staatsverwaltung die Pauschsumme übersteigen, kann von der Regierung nur ausgegeben werden, wenn ihn der Landtag ausdrücklich genehmigt hat. In dieser Weise ist bekanntlich der Militair-Etat des Norddeutschen Bundes provisorisch bis zum 31. Dezember 1871 durch die Bundesverfassung geregelt. Eine derartige Einrichtung ist aber von einer wirklichen Lösung der bei der Etatsfeststellung sich erhebenden Streitfragen sehr weit entfernt. Denn die Regierung wird möglichst viele Ausgaben als außerordentliche charakterisiren und dafür besondere Geldbewilligungen fordern, der Landtag dagegen wird geneigt sein, soweit es irgend möglich ist, jede Ausgabe als zu der laufenden, ordnungsmäßigen Verwaltung gehörig aufzufassen und ihre Bestreitung aus dem Ordinarium fordern. Für Zweige der Staatsverwaltung, für welche erfahrungsmäßig der Landtag eine große Liberalität zu zeigen pflegt, wie für Kunst und Wissenschaft, wird die Regierung aus dem ihr überlassenen Pauschquantum eine möglichst geringe Summe verwenden, in der sicheren Erwartung, daß der wünschenswerthe Mehrbedarf im Extraordinarium ihr bewilligt werden wird; dagegen wird die Regierung gerade solche Liebhabereien, welche der Landtag nicht theilt, und Bedürfnisse, welche der Landtag nicht anerkennt, aus dem zu ihrer Verfügung stehenden Betrage zu befriedigen suchen. Der Streit zwischen der Regierung und dem Landtag wird daher durch eine solche Einrichtung nicht abgewendet, sondern im Gegentheil an zahlreichen Punkten erst recht hervorgerufen. Der größte Mangel einer solchen Einrichtung aber besteht darin, daß das gesetzlich feststehende Pauschquantum mit den wachsenden Bedürfnissen und der stets zunehmenden Kostspieligkeit der Staatsverwaltung nach einer geringeren oder größeren Anzahl von Jahren auch für die regelmäßigen Kosten unzureichend wird, so daß der unter dem Namen Extraordinarium bewilligte Zuschuß in Wirklichkeit auch für einen Theil der dauernden und ordentlichen Ausgaben die Deckungsmittel gewährt, und damit der ganze Zweck dieser Einrichtung illusorisch wird.

Die andere Art besteht in der Aufstellung eines detaillirten Normal-Etats, der auch ohne alljährliche Erneuerung als Ordinarium fortgilt, und neben welchem alljährlich für die einmaligen Ausgaben ein Extraordinarium zu bewilligen ist. Hinsichtlich des ersteren ist dem Landtage jede einseitige Verkürzung oder Veränderung versagt, hinsichtlich des letzteren ist die Bewilligung ganz in sein Belieben gestellt. Diese Institution nähert sich bei Weitem mehr der Verwirklichung der von uns aufgestellten Rechtssätze, allein sie erreicht dieselbe nicht ganz. Zunächst ist aus unserer obigen Ausführung klar, daß die Ausgaben nicht in zwei absolute Kategorien, in fortlaufende und einmalige, zerfallen, sondern daß es auch Ausgaben giebt, die auf eine bestimmte oder unbestimmte, aber jedenfalls begrenzte Reihe von Jahren sich erstrecken, die daher einmal bewilligt, nicht im nächsten Jahre verweigert werden dürfen und die doch nicht in das Ordinarium gehören. Ferner können auch einmalige oder außerordentliche Ausgaben durch die Gesetze des Staats in so zweifelloser Weise erfordert werden, daß der Landtag die Bewilligung derselben ohne Verletzung der staatsrechtlichen Grundsätze nicht verweigern kann, woraus folgt, daß die Grenzen des freien Bewilligungs- resp. Streichungsrechtes und der staatsrechtlich erforderten Bewilligungspflicht nicht zusammenfallen mit dem Gegensatz des Normaletats und des Extraordinariums. Endlich bedarf der Normal-Etat alljährlich der Revision und Modifikation, da bald auf diesem bald auf jenem Gebiete der Staatsverwaltung eine Veränderung in der Dotirung eines Institutes, in der Zusammensetzung einer Behörde, in der Besetzung eines Amtes u. s. w. nothwendig wird. Es ist in einem Großstaate, wie Preußen, kaum denkbar, daß der Etat eines Jahres ganz unverändert bis in das Detail auf das folgende Jahr übertragen werden könnte; dürfte doch kaum in einer Haushaltung von mittlerem Umfange eine solche Stabilität oder Konformität der Bedürfnisse und Ausgaben vorkommen. Man muß daher von vornherein die Vorstellung aufgeben, als wäre der Normal-Etat dazu bestimmt, von Jahr zu Jahr unverändert fortzugelten; er muß vielmehr mit jeder Fortentwicklung der Staatsverfassung und der Staatsbedürfnisse umgestaltet und mit den Anforderungen des gegenwärtigen Zeitpunktes in Einklang gesetzt werden. Der Normal-Etat müßte daher alljährlich einer Prüfung und Beschlußfassung unterzogen werden, bei welcher die durch neue Gesetze, neue Bedürfnisse, Verwaltungsmaßregeln, Schwankungen des Geschäfts-Umfanges u. s. w. nothwendig gewordenen Abänderungen an demselben angebracht werden, resp. seine Ansätze auch für das folgende Jahr als angemessen anerkannt werden. Daraus folgt, daß man eines besonderen Normal-Etats gar nicht bedarf, sondern den Etat des nächst vergangenen Jahres immer als solchen betrachten kann, wofern man nur den Grundsatz festhält, daß die Bewilligung einer Ausgabe, welche ihrer Natur nach eine dauernde ist und von Regierung und Landtag als solche gemeint war, als sie zuerst erfolgte, von einem späteren Landtage nicht einseitig widerrufen werden kann.[52])

---

[25]) Aus den obenstehenden Ausführungen ergiebt sich zugleich die gänzliche Unzulänglichkeit des von Gneist im Anschluß an das Englische Muster wiederholt insbesondere in seiner Schrift „Budget und Gesetz. Berlin 1867," empfohlenen Vorschlags, die Ausgaben in feststehende und bewegliche zu zerlegen. Diesem Vorschlag, stimmt mit Wärme zu, unter Berufung auf die Autorität von Karl Mathy, v. Treitschke in seinem Aufsatz über das konstitutionelle Königthum in Deutschland. (Historische und politische Aufsätze. Neue Folge. II. Theil. Leipzig 1870, S. 821 fg.) Nur in einem parlamentarischen Staate, wie England, wo die Verwaltungschefs der Parlaments-Majorität angehören, ist diese Einrichtung, welche auf ein partielles Ordinarium hinausläuft, genügend; in Deutschland würde sie den Streitfall gerade nur da beseitigen, wo erfahrungsmäßig fast niemals ein Streit entsteht. Da zu den beweglichen „auch alle Posten zählen, welche zwar nach ihrem Rechtsgrunde, doch nicht nach ihrem Betrage fest stehen" (v. Treitschke a. a. O.), so werden die meisten Verwaltungs-Ausgaben der alljährlichen Bewilligung trotz dieser Trennung nicht

Die Einführung eines Ordinariums, sei es in Form einer Pauschsumme oder sei es in Form eines Normal-Etats, ist daher vollkommen entbehrlich, wenn Regierung und Landtag die von uns entwickelten Grundsätze bei der Feststellung des Etats beobachten. Diese Grundsätze gehören auch ohne ausdrückliche und spezielle Sanctionirung durch die Verfassung dem positivem Staatsrecht an, da sie aus den Grundprinzipien des konstitutionellen Staates und der Natur der Sache abgeleitet sind; sie sind nicht politische Forderungen oder rechtsphilosophische Raisonnements, sondern es sind Rechtssätze; sie sind daher, wenn man ihre Richtigkeit anerkennt, für Regierung und Landtag verbindlich. Es fehlt aber an einer Garantie dafür, daß sie in Wirklichkeit richtig angewendet, ja daß sie nicht mit Bewußtsein verletzt werden. Es wird immer zahlreiche Fälle geben, in denen es in der That zweifelhaft ist, ob der Landtag zu einer Streichung der Etats-Ansätze staatsrechtlich befugt ist oder nicht, und überdies hat der Landtag formell die ganz uneingeschränkte Befugniß, den Etat nach Willkühr und mit Verletzung aller materiellen Rechtsschranken zu amendiren. Es kann Niemand den Landtag verhindern, selbst die Zinsen für rechtsgültig kontrahirte Anleihen oder die Dotation des Kronfideikommiß-Fonds u. dgl. zu streichen. Eine Garantie gegen einen Mißbrauch des Budgetbewilligungsrechts und für die richtige Anwendung der entwickelten Rechtssätze würde die Errichtung eines Staatsgerichtshofes geben, welcher in Streitfällen zwischen Regierung und Landtag lediglich nach Rechtsgrundsätzen, ohne Rücksicht auf politische Gründe eine Entscheidung über die Rechtsfrage abzugeben haben würde.[26]) Da die Einführung eines solchen aber in anderer Beziehung mit großen Schwierigkeiten verknüpft ist und die herrschenden politischen Vorstellungen und Partei-Bestrebungen für einen Gerichtshof, der zwischen den „Faktoren der Gesetzgebung" mit bindender Kraft entscheiden, also gewissermaßen über ihnen stehen soll, wenig günstig sind, so ist die Einführung eines Normal-Etats, der nur durch übereinstimmenden Beschluß von Krone und Landtag abgeändert werden kann und ohne jährliche Erneuerung verbindliche Kraft behält, vom politischen und legislatorischen Gesichtspunkt aus als ein Auskunftsmittel allerdings in hohem Grade empfehlenswerth. Da aber weder in der Preußischen noch in der Norddeutschen Verfassung dieses Auskunftsmittel ergriffen worden ist, so scheint es um so dringender geboten, die materiellen

---

entzogen. Ueberdies muß im Laufe der Zeit durch die Veränderung der thatsächlichen Verhältnisse der Mißstand entstehen, daß gewisse Posten der konsolidirten Etats nominell für andere Zwecke bestimmt sind, als für welche sie thatsächlich zur Verwendung kommen. Dieselbe Erfahrung macht man bei alten Stiftungen, deren Erträge vielfach unter dem alten Namen auf neue Dinge verausgabt werden. Der Nutzen wird allerdings durch die in Rede stehende Einrichtung erzielt, daß der Landtag nicht alle Ausgaben insgesammt durch Verwerfung des ganzen Budgets staatsrechtlich inhibiren kann. Wir werden jedoch unten sehen, daß bei richtiger Auffassung des Budgetrechts der Preußische Landtag diese Befugniß ohnedies nicht hat, und daß die Folgen des Nichtzustandekommens des Budgetgesetzes keineswegs so furchtbar sind, wie sie der herrschenden Theorie gemäß erscheinen.

[26]) Dieses Auskunftsmittel ist getroffen in der Oldenburg'schen Verfassung von 1852 Art. 209.

Schranken, die der Landtag bei der Amendirung der Etatsvorlage zu beobachten hat, dem Rechtsbewußtsein des Volkes einzuprägen, um eine mißbräuchliche Anwendung des Ausgabeverweigerungsrechts des Landtages zu verhüten.

Zu erwähnen ist schließlich noch, daß die Norddeutsche Bundesverfassung zur Erledigung von Streitigkeiten der in Rede stehenden Art einen Weg eröffnet hat durch die Bestimmung des Art. 76 Abs. 2:

> Verfassungsstreitigkeiten in solchen Bundesstaaten, in deren Verfassung nicht eine Behörde zur Entscheidung solcher Streitigkeiten bestimmmt ist, hat auf Anrufen eines Theiles der Bundesrath gütlich auszugleichen oder, wenn das nicht gelingt, im Wege der Bundesgesetzgebung zur Erledigung zu bringen.

Diese Anordnung ist aber in mehr als einer Beziehung unzulänglich und bedenklich. Auf Streitigkeiten über den Bundes-Etat findet sie gar keine Anwendung, sie erstreckt sich nur auf Differenzen innerhalb der einzelnen Bundesstaaten. Die Vermittlung derselben durch den Bundesrath aber oder die Erledigung durch Gesetz d. h. durch den Bundesrath und durch den Reichstag bietet nicht die Bürgschaft einer Entscheidung nach Rechtsgrundsätzen, da die Mitglieder des Bundesrathes durch die Instruktionen ihrer Regierungen gebunden, die Mitglieder des Reichstages durch politische Rücksichten und Partei-Interessen beeinflußt sind. Die Entscheidung eines konkreten Streitpunktes durch Gesetz ist eine Entscheidung nach Willkühr, während die Entscheidung durch einen ständigen Staatsgerichtshof eine Entscheidung nach Rechtsgrundsätzen wäre. Die Anwendung des Art. 76 Abs. 2 auf Preußen aber hat noch ganz besondere Schwierigkeiten. Es ist im höchsten Grade unwahrscheinlich, ja beinahe unmöglich, daß der Bundesrath, in welchem Preußen mit Waldeck 18 Stimmen von 43 führt, in einer Angelegenheit, der die Regierung solche Wichtigkeit beilegt, daß sie es zu einer Anrufung des Bundes kommen läßt, gegen die Preußische Regierung entscheiden sollte, die Berufung auf Art. 76 Abs. 2 ist daher von vornherein ein einseitiges Hülfsmittel, insofern wohl niemals der Preußische Landtag, sondern nur die Preußische Regierung von demselben Gebrauch machen kann. Aber auch der Regierung hilft dieses Mittel nichts, wenn im Reichstage dieselbe Parteirichtung wie im Preuß. Abgeordnetenhause vorherrscht. Nur wenn im Abgeordnetenhause die Opposition, im Reichstage die Regierungspartei dominirt, könnte die Regierung den Art. 76 Abs. 2 dazu benutzen, um den Widerspruch des Landtages mittelst des Reichstages zu brechen. Die Hervorrufung eines Konfliktes zwischen diesen beiden Körperschaften, die zwar nicht staatsrechtlich wohl aber politisch beinahe gleich wichtig sind, ist indeß aus politischen Gründen in so hohem Maße gefährlich und nachtheilig, daß wohl auch die Regierung nur ungern und nur im äußersten Nothfall die Intervention des Bundes beantragen würde.

VIII.

Von den im Vorhergehenden erörterten Verwaltungskosten des Staates sind zu unterscheiden die Betriebskosten der Staats-Anstalten. Es sind die Betriebskosten der dem Staate gehörenden industriellen und anderen finanziellen Institute, also der Seehandlung, der Porzellan-Manufaktur, der Bergwerke, der Hüttenwerke und Salinen, und namentlich der Eisenbahnen. Zum großen Theil gehören ferner dahin die Ausgaben der Domainen- und Forstverwaltung, der Münze, Staatsdruckerei, Lotterie und in einem beschränkteren Maße auch die Kosten für die Straf-Anstalten, soweit nämlich diese Kosten unmittelbar auf die in den Gefängnissen verrichteten industriellen Arbeiten verwendet werden. Diese Kosten haben vom Standpunkte des Finanzwesens aus nicht den Charakter von Staatsausgaben, sondern sie sind Schmälerungen der Staatseinnahmen. Die Erträgnisse dieser Staats-Anstalten sollen mit dazu beitragen, die Kosten der Staatsverwaltung zu decken, womit natürlich nicht gesagt sein soll, daß nicht auch andere als finanzielle Gründe für die Anlage und Beibehaltung dieser Institute vorhanden sein können. Diesen finanziellen Zweck erfüllen aber nicht die Brutto-Einnahmen dieser Anstalten, sondern nur die Ueberschüsse der Einnahmen über die mit dem Betriebe und der Verwaltung verbundenen Ausgaben. Deshalb ist es in mehreren Staaten auch üblich, diese Kosten im Ausgabe-Etat gar nicht anzuführen, sondern im Einnahme-Etat sie ante lineam von der Brutto-Einnahme in Abzug zu bringen und nur die hieraus sich ergebende Netto-Einnahme als wirkliche Staatseinnahme in Rechnung zu stellen.

Dieses System ist auch in Preußen vor Einführung der Repräsentativ-Verfassung üblich gewesen und wird im Etat des Norddeutschen Bundes hinsichtlich der Post- und Telegraphen-Verwaltung befolgt. Die formelle Einrichtung des Etats ist aber sachlich nicht entscheidend. Aus Gründen der Finanzwissenschaft mag die Form des Brutto-Etats vor derjenigen des Netto-Etats vielleicht den Vorzug verdienen; die rechtliche Natur der Betriebs-Ausgaben ändert sich dadurch jedenfalls nicht, daß man im Etat einerseits die Brutto-Erträge als Einnahmen und andererseits die Betriebskosten als Ausgaben aufführt; die letzteren behalten den Charakter als Schmälerungen der Einnahmen. Im Wesentlichen gelten daher dieselben Grundsätze hinsichtlich dieser Ausgaben, welche wir oben in Bezug auf die Einnahmen entwickelt haben und wir können demgemäß hinsichtlich der Betriebskosten der Staats-Anstalten folgende Regeln für das Budgetrecht des Landtags aufstellen:

1) Hinsichtlich der Höhe der ausgeworfenen Summe versteht es sich von selbst, daß dieselbe größtentheils auf Wahrscheinlichkeitsberechnung beruht. So wenig man die von Eisenbahnen, Bergwerken u. s. w. zu erwartenden Einnahmen vorher fixiren kann, ebenso wenig lassen sich die Betriebskosten in bindender Weise feststellen. Ein Streit zwischen der Regierung und dem Abgeordnetenhause über die Höhe, in welcher diese Ausgaben im Budget zu veranschlagen sind, hat daher lediglich einen theoretischen, finanzwissenschaftlichen Charakter und ist praktisch ohne Bedeutung, da die Ergebnisse des Betriebsjahres selbst die Voranschläge thatsächlich rektifiziren. Eine unerwartete Steigerung der Einnahmen ist fast immer auch mit einer Steigerung der Betriebsunkosten verbunden; von Wichtigkeit ist es im Wesentlichen nur, wie groß der Ueberschuß der Einnahmen über die Ausgaben veranschlagt wird, und es

ist durch die finanzielle Vorsicht geboten, diesen Ueberschuß eher zu niedrig, als zu hoch im Etat in Ansatz zu bringen. Denn eine Vermehrung dieses Ueberschusses, welche durch die übrigen Kosten der Staatsverwaltung nicht absorbirt wird, kömmt für das nächste Etatsjahr als außerordentliche Einnahme dem Lande zu gut, während ein Minus die Ordnung der Finanzverwaltung stören kann.

2) Selbstverständlich ist es ferner, daß dem Landtage hinsichtlich der Höhe der Ausgaben eine unbeschränkte Kritik zusteht. Wenn ein Abgeordneter glaubt, daß der Betrieb gewisser Institute mit zu großen Kosten verknüpft ist, wenn er die Möglichkeit, Ersparnisse zu machen, darlegt, wenn er nachweist, daß der Staat gewisse Dinge theurer bezahlt, wie Privatpersonen, u. s. w., so ist es nicht nur sein Recht und seine Pflicht, dies auszusprechen, sondern der Landtag kann auch durch Resolutionen seine Zustimmung zu dieser Ansicht erklären. In staatsrechtlich bindender Weise kann der Landtag aber nicht durch Etatsbeschlüsse die Betriebskosten der Staats-Etablissements fixiren, weil dies theils thatsächlich unmöglich ist, theils die oberste Verwaltung dieser Etablissements, die der Regierung zusteht, in die Hände des Landtages verlegen würde.

3) In Betreff der einzelnen Ausgaben-Titel kann dem Landtag unter Umständen allerdings das Recht zur Streichung oder Herabsetzung zustehen, jedoch nur in verhältnißmäßig seltenen Fällen. Es ist dieses Recht anzuerkennen bei allen Ausgaben, welche über den gewöhnlichen Geschäftsbetrieb der betreffenden Anstalten hinausgehen oder dem Zweck derselben ganz fremd sind. Die Regierung kann nicht einseitig den Geschäftskreis der von ihr verwalteten Institute über das gesetzliche oder herkömmliche Maß oder über den, durch den gewerblichen Charakter der Institute gegebenen Umfang ausdehnen. Will die Regierung auf einer Domaine eine großartige Fabrik-Anlage machen, ein Eisenbahn-Unternehmen durch den Bau von Zweigbahnen erweitern, die Staatslotterie neben ihrem bisherigen Plan noch ausdehnen auf eine Verloosung von Kunstgegenständen oder von landwirthschaftlichen Geräthschaften, den von der Seehandlung betriebenen Gewerben ein neues hinzufügen, z. B. aus ihren Fonds eine Bierbrauerei anlegen, die Staatsdruckerei zugleich als Verlagsbuchhandlung verwenden u. s. w., so bedarf es dazu zwar keines besonderen Gesetzes, aber doch der Zustimmung des Landtages. Denn solche Verfügungen würden das der Regierung nach dem bestehenden rechtlichen und faktischen Zustand der Staats-Einrichtungen überwiesene Gebiet der Verwaltung erweitern oder verändern und Gelder, welche zur Befriedigung der laufenden Staats-Haushalts-Kosten bestimmt sind, würden zur Vergrößerung des Staats-Kapitals verwendet. Dazu ist die Regierung ohne Einwilligung des Landtages nicht berechtigt; der Landtag ist daher befugt, solche Ausgaben zu verweigern und die Regierung staatsrechtlich verpflichtet, die vom Landtage beschlossene Streichung zu respektiren.

Insofern die Ausgaben aber zu dem herkömmlichen ordnungsmäßigen Betriebe gehören und sich innerhalb des gewerblichen Zweckes der industriellen Staats-Etablissements halten, kann der Landtag diese Ausgaben nur kritisiren, nicht streichen. Denn er kann ebenso wenig einseitig diese Anstalten aufheben oder ihren herkömmlichen oder gesetzlichen Umfang beschränken, wie die Regierung einseitig neue Anstalten einrichten oder die bestehenden erweitern kann. Wäre aber der Landtag in der Lage, durch Beschlüsse bei der Budgetberathung die zum Fortbetrieb dieser Anstalten unerläßlichen Ausgaben zu verweigern, so läge es alljährlich in seiner Hand, diese Anstalten zu beseitigen oder sie verkümmern und verfallen zu lassen.

Dieser Rechtssatz gilt gleichmäßig von sogenannten ordentlichen und fortlaufenden, wie von einmaligen und außerordentlichen Ausgaben. Denn auch große Reparaturen oder Neubauten, z. B. von Bahnhöfen oder Magazinen, die Anlage von Waldwegen behufs der Ausbeutung der Forsten, Bohrversuche, Anschaffung von Förderungs-Maschinen und Anlegung von Stollen und Schachten bei den Bergwerken u. dgl. können zum ordnungsmäßigen und durch die Natur des betreffenden Staats-Etablissements gebotenen Verwaltungsbetriebe gehören und doch den Charakter einer einmaligen oder außerordentlichen Ausgabe haben.

Die Scheidung in Ordinarium und Extraordinarium ist bei den gewerblichen Anstalten des Staates zum großen Theil willkürlich und zwecklos. Es würde sich auch hinsichtlich der extraordinären, einmaligen Bedürfnisse empfehlen, sie nicht im Ausgabe-Etat aufzuführen, sondern sie gleich von der Brutto-Einnahme an der betreffenden Stelle des Einnahme-Etats in Abzug zu bringen; es sei denn, daß bei einem einzelnen Titel durch außerordentliche Bedürfnisse einmal die Ausgaben zu solcher Höhe anwachsen, daß sie die Brutto-Einnahme übersteigen, und sonach aus bloßen Verminderungen der Einnahmen zu wirklichen Vergrößerungen der Ausgaben werden.

IX.

Wir kommen nun zur Erörterung der Frage, welche **staatsrechtlichen Wirkungen** ein ordnungsmäßig zu Stande gekommenes Budget hat.

Auch in dieser Hinsicht hat die Auffassung des Budgets als „Gesetz“ eine Menge von Irrthümern und in noch höherem Grade eine Unklarheit der Begriffe verschuldet; denn während man in vielen Beziehungen dem Budget-Gesetz die Rechtswirkungen wirklicher Gesetze nicht beilegt, weil dies zu offenbaren Absurditäten führen würde, zieht man doch in anderer Beziehung wieder allerhand Folgerungen aus dem Prinzip, daß das Budget durch ein Gesetz festgestellt wird.

Im Allgemeinen besteht die Bedeutung eines Gesetzes darin, daß dasselbe Regeln enthält, welche in jedem einzelnen Fall, bei dem die im Gesetze aufgestellten thatsächlichen Voraussetzungen vorhanden sind, von den Behörden und Unterthanen des Staates befolgt werden müssen. Solche Regeln allgemeiner Art enthält das Budget überhaupt nicht; schon durch seinen Inhalt unterscheidet sich das Budget-Gesetz von allen anderen Gesetzen.

Das Budget könnte seinem Inhalte nach nur als lex specialis für einen einzigen thatsächlichen Fall, nämlich für die Finanzverwaltung des betreffenden Etats-Jahres aufgefaßt werden. Die gesammte Staatsverwaltung des betreffenden Jahres in Hinsicht auf ihre finanzielle Seite wäre demnach als Ausführung dieses Spezialgesetzes anzusehen. Wollte man hier aber eine wirkliche Gesetzeskraft dem Budget beilegen, so würde dasselbe einen positiven Befehl und zugleich ein Verbot für die Regierung enthalten, nämlich

den Befehl, die im Etat aufgeführten Einnahmen in der daselbst angegebenen Höhe zu erheben und die im Etat aufgeführten Ausgaben ebenfalls in der angegebenen Höhe zu leisten

und damit gleichzeitig

das Verbot, keine Einnahme zu erheben und keine Ausgabe zu leisten, welche im Etat nicht ausgeführt ist.

In dieser Weise die Rechtswirkung des Etatsgesetzes aufzufassen, ist wohl aber in der staatsrechtlichen Praxis noch niemals Jemandem ernstlich in den Sinn gekommen. Da bei einer sehr großen Zahl von Etatspositionen die Höhe nur approximativ nach usancemäßigen Fraktionsrechnungen aufgestellt wird, so wäre es geradezu ein Unsinn, die Verwaltung gesetzlich zu verpflichten, die Einnahmen in der veranschlagten Höhe zu erheben und die Ausgaben in der veranschlagten Höhe zu leisten. Eben so wenig wird irgend Jemand in dem Etats-Gesetz ein Verbot finden wollen, eine dem Staate gebührende Einnahme zu erheben, weil sie im Etat nicht aufgeführt ist, oder eine Ausgabe zu ersparen, für welche der Etat die Mittel anweist.[27])

Wenn man dem Etatsgesetz wirklich Gesetzeskraft im gewöhnlichen Sinne beilegen wollte, so müßte man alle Abweichungen vom Etat, also nicht bloß die Mehrausgaben, sondern auch die Ausgaben-Ersparnisse, die Minder-Einnahmen und Einnahme-Ueberschüsse als Gesetzesverletzungen erklären. Diese Absicht haben aber die Gesetzgebungs-Faktoren bei Vereinbarung des Etats notorisch nicht. Es gilt zwischen Regierung und Landtag als selbstverständlich und über jede Diskussion erhaben, daß die dereinstige Rechnung über die wirklich erfolgten Einnahmen und Ausgaben von dem durch das Budgetgesetz festgestellten Voranschlage abweichen werde und der Natur der Sache nach abweichen müsse. Die Verfassungs-Urkunde selbst sieht den Fall der Etats-Ueberschreitungen vor und trifft Bestimmungen, wie es mit denselben zu halten sei. Wenn bei irgend einem Verwaltungszweige einmal die faktisch geleisteten Ausgaben oder die faktisch erhobenen Einnahmen auf Silbergroschen und Pfennig mit dem etatsmäßigen Anschlage übereinstimmen sollten, so könnte dies nur als ein merkwürdiger und singulärer Zufall erachtet werden.

Die allgemein herrschende Auffassung von der Bedeutung des Budgets ist demgemäß auch eine durchaus andere. Man macht aus dem Etatsgesetz eine eigenthümliche Abart der Gesetze, indem man in demselben nicht einen Befehl, ein Gebot oder Verbot, sondern eine Ermächtigung für die Regierung findet die im Etat aufgeführten Einnahmen zu erheben und Ausgaben zu leisten. Man bezeichnet den Etat als die gesetzliche Grundlage für die Finanzverwaltung des Staates,

[27]) Vgl. über die Zulässigkeit der Abweichungen vom Etat Fricker in der Zeitschrift für Staatswissenschaft 1861 Bd. 17 S. 643 fg. 667 fg. und übereinstimmend v. Gerber, Grundzüge des Staatsrechts §. 51 (2. Aufl. S. 160).

ohne welche es der Regierung an der Befugniß fehlt, Ausgaben zu leisten.[28]) Auch diese Ansicht ist aber falsch. Sie beruht auf einer unzulässigen Verallgemeinerung, indem der Charakter, welchen ein verhältnißmäßig kleiner Bruchtheil des Etats haben kann, auf den ganzen Etat ausgedehnt wird.

Es springt dies sofort in die Augen in Beziehung auf die Einnahmen. Die Regierung bedarf keiner Ermächtigung durch das Etatsgesetz um Zölle und Steuern, um die Revenüen der Forsten, Domainen, Eisenbahnen und Staatsbergwerke, um Gerichtskosten und andere Gefälle einzuziehen. Nicht der Etat ist die „gesetzliche Grundlage“ für die Erhebung dieser Einkünfte; dieselbe ist vielmehr auch ohne Etat in der Gesammtheit der Landesgesetze gegeben. Nur wenn die Regierung sich eine außerordentliche Einnahme durch Veräußerung einer Eisenbahn, durch Auflösung der Seehandlung u. s. w. verschaffen will, bedarf sie der Ermächtigung durch den Landtag, welche durch das Etatsgesetz ertheilt werden kann.

Genau ebenso verhält es sich mit den Ausgaben. Es giebt allerdings wohl in jedem Jahre Ausgaben, für welche die Staatsregierung nur durch das Etatsgesetz ermächtigt wird, zu deren Leistung sie also ohne Etat keine staatsrechtliche Befugniß hätte; es ist dies aber ein verschwindend kleiner Theil der Ausgaben gegenüber der Hauptmasse solcher Ausgaben, welche auf speziellen Gesetzen und der bereits anerkannten, herkömmlichen Einrichtung des Staats beruhen.[29]) Für diese Ausgaben ist das Etatsgesetz nicht die „unentbehrliche gesetzliche Grundlage“, denn diese Grundlage ist auch ohne Etat da; und die Regierung bedarf nicht nothwendig einer gesetzlichen Ermächtigung zur Leistung dieser Ausgaben durch das Etatsgesetz, da sie bereits durch andere Gesetze diese Ermächtigung besitzt. In der Verfassungs-Urkunde steht auch kein Wort davon, daß die Regierung durch das Etats-Gesetz zur Leistung von Ausgaben ermächtigt werde oder einer solchen Ermächtigung bedürfe. Der Art. 99 schreibt nur die alljährliche Anfertigung eines alle Staats-Einnahmen und Ausgaben umfassenden Voranschlags und die Feststellung desselben durch ein Gesetz vor.

Die spezifische Wirkung des Etatsgesetzes besteht vielmehr darin, daß

---

[28]) v. Rönne, Preuß. Staatsr. (3. Aufl. 1869) I. 1. §. 64 (S. 378) sagt: „Das Staatshaushalts-Etatsgesetz gewährt die eigentliche Grundlage der Erhebung der Einnahmen des Staates, und in Bezug auf die Ausgaben enthält dasselbe die Ermächtigung für die Staatsregierung und die einzelnen Verwaltungschefs, sich innerhalb der durch dies Gesetz vorgezeichneten Schranken frei bewegen zu dürfen.“ Das sind die sämmtlichen Grundirrthümer, welche hinsichtlich des Budgetrechts herrschen, in einen Satz klar und bündig zusammengefaßt.

[29]) In einem Kommissions-Bericht des Abgeordnetenhauses vom 9. Januar 1864 und der dazu gehörenden Denkschrift (Drucksachen VIII. Legislatur-Periode I. Sess. 2. Bd. Nr. 80) wird die Ansicht aufgestellt, daß die Regierung, um die Finanzverwaltung zu führen, eine Vollmacht haben müsse (!), welche nach dem Art. 99 immer auf ein Jahr und zwar nur mit Zustimmung des Landtags ertheilt werden dürfe. Die Bedeutung des Etatsgesetzes sei die Ausstellung dieser General-Vollmacht. Ein Grund für die rechtliche Nothwendigkeit einer solchen Vollmacht wird nicht angeführt. Daß in jener Zeit das Abgeordneten-Haus derartige Anschauungen zur Geltung zu bringen suchte, dürfte nicht befremden; wohl aber, daß der Verfasser jenes Kommissionsberichts und jener Denkschrift ein sehr hervorragender Jurist, nämlich Gneist ist.

die Nothwendigkeit oder Nützlichkeit gewisser Ausgaben vom Landtag und der Regierung übereinstimmend anerkannt wird.[30]) Die Befugniß der Regierung zur Leistung dieser Ausgaben wird durch den Etat nicht konstituirt, sondern lediglich deklarirt. Hinsichtlich der Mehrzahl der Ausgaben ist die Befugniß, sie zu leisten, auch ohne Etat für die Regierung vorhanden; das Etatsgesetz beseitigt nur die Möglichkeit, daß diese Befugniß bestritten werde. Die Verwaltungschefs sollen nicht ganz allein selbst entscheiden, zu welchen Ausgaben sie befugt, resp. verpflichtet sind, sondern diese Entscheidung in Uebereinstimmung mit dem Landtage treffen. Deshalb ist die alljährliche Vorlegung des Etats, der einen Voranschlag sämmtlicher Ausgaben enthalten soll, in der Verfassung vorgeschrieben und der Zweck aller Etats-Berathungen und Verhandlungen ist nicht der, für Ausgaben einen Rechtsgrund zu schaffen, sondern über die nothwendigen und nützlichen Ausgaben und deren Höhe ein Einverständniß zwischen Regierung und Landtag zu erzielen.

Von diesem Prinzip aus gewinnt man einen richtigen Einblick in die Rechtswirkungen des Etatsgesetzes und in den Charakter und Begriff der Etats-Ueberschreitungen und der erforderlichen nachträglichen Genehmigung derselben durch den Landtag. Im Einzelnen sind folgende Punkte hervorzuheben.

1) Die durch das Etatsgesetz ausgesprochene, übereinstimmende Ansicht der Regierung und des Landtages, daß eine gewisse Ausgabe erforderlich und angemessen sei, bedingt nicht, daß diese Ausgabe in Wirklichkeit sich als nothwendig herausstellen wird. Regierung und Landtag können eben in einem Irrthum übereinstimmen, der für beide unvermeidlich sein kann, da es sich in manchen Fällen bei Feststellung des Etats um Würdigung zukünftiger, noch ungewisser Verhältnisse handelt. Die Aufnahme einer Ausgabe in das Etatsgesetz enthält daher keine Nöthigung für die Regierung, diese Ausgabe wirklich zu leisten. In manchen Fällen ist die Leistung einer in Aussicht genommenen Ausgabe gar nicht möglich, wenn z. B. ein Staatspensionär vor Beginn des Etatsjahres stirbt, wenn die Wiederbesetzung eines vacanten Amtes sich verzögert, wenn sich für ausgesetzte Staatspreise kein Bewerber findet u. s. w. In vielen andern Fällen ist es möglich, eine in Aussicht genommene Aufgabe der Verwaltung mit geringeren Kosten zu lösen, als die Regierung und der Landtag veranschlagt haben. Es kann ferner vorkommen, daß ein auf Staatskosten projektirtes Werk, z. B. der Bau einer Chaussee, aus Kommunal-Mitteln oder von Privatpersonen hergestellt wird und der im Etat dafür ausgeworfene Betrag fortfällt, oder daß eine neue technische Erfindung, die Entdeckung mineralischer Schätze u. s. w. einen Aufschub in der Ausführung eines Werkes rathsam machen. In allen diesen Fällen wäre

---

[30]) Es bedarf wohl kaum besonderer Betonung, daß hiermit nur die staatsrechtliche Bedeutung des Etatsgesetzes gemeint ist; seine politische Bedeutung ist unendlich viel größer. Sie besteht darin, daß dem Landtag eine Einsicht in sämmtliche Verwaltungszweige bis in das kleinste Detail gewährt und ihm Gelegenheit zur Rügung von Mißständen gegeben wird, daß die Ordnung der Finanzen gewährleistet und die Volksvertretung für dieselbe mit verantwortlich gemacht wird, u. s. w.

es baarer Unverstand, die Regierung zur Leistung solcher Ausgaben deshalb für verpflichtet zu erachten, weil sie im Etatsgesetze vorgesehen sind.

Ebenso kann es nun aber für die Regierung Gründe anderer Art geben, Ausgaben, welche im Etat bewilligt sind, zu unterlassen; insbesondere, wenn drohende politische Verhältnisse die momentane Ansammlung von Kapital erheischen, oder wenn die Einnahmen hinter der veranschlagten Höhe zurückbleiben, so daß ein Defizit zu befürchten ist. Dessenungeachtet ist vor etwa 2 Jahren, als ein solcher Fall eintrat, in der Presse mehrfach die Ansicht ausgesprochen worden, die Regierung dürfe Ausgaben nicht unterlassen, für welche der Etat die Mittel bewilligt, weil sie dadurch das Etatsgesetz verletze.[30a]) Es beruht dies auf einer Verkennung der Bedeutung des Etats und ist eine Folge des Mißverständnisses, daß das Etatsgesetz ein Gesetz im materiellen Sinne des Wortes sei.

Die Regierung kann freilich bei Entscheidung der Frage, welche Ausgaben sie für durchaus unerläßlich und welche für aufschiebbar hält, von anderen Gesichtspunkten ausgehen, wie die Majorität des Abgeordnetenhauses, und in Folge dessen politisch mit demselben in Konflikt kommen; staatsrechtlich aber bedarf nach dem ausdrücklichen Wortlaut des Art. 104 der Preuß. Verf.=Urk. die Regierung die Zustimmung des Landtages nur für Etats=Ueberschreitungen, d. h. wenn sie für irgend ein Bedürfniß der Staatsverwaltung mehr ausgegeben hat, als im Etat dafür angesetzt war, nicht dafür, wenn sie eine bewilligte Ausgabe unterlassen oder beschränkt hat.

2) Ebenso kann andererseits eine Ausgabe sich als nothwendig erweisen, obgleich diese Nothwendigkeit bei der Feststellung des Etats nicht vorhergesehen war und daher auch vom Landtage noch nicht anerkannt worden ist.

Man darf dabei keineswegs blos an solche Ausgaben denken, die durch ganz unerwartete Ereignisse nothwendig werden, z. B. durch das Ausbrechen eines Krieges, einer Epidemie, einer Viehseuche, einer Feuersbrunst u. dgl. Es können bei Aufstellung des Etats auch solche Ausgaben übersehen werden, deren Nothwendigkeit vorher zu erkennen gewesen wäre. Eine Schuld daran braucht weder den Minister noch den Landtag zu treffen; die Etats werden in den Ministerien auf Grund der von den Unterbehörden des ganzen Staates eingehenden Berichte aufgestellt und es kann daher der Mangel an Einsicht oder Aufmerksamkeit irgend einer Unter=Behörde der Grund sein, aus welchem die Ausgabe im Voranschlage weggeblieben ist. In vielen Fällen wird sich freilich

[30a]) Auch in der wissenschaftlichen Literatur des Staatsrechts ist diese Ansicht verbreitet; z. B. v. Mohl, Würtemb. Staatsr. Bd. II. S. 758 (2. umgearb. Aufl.) erklärt „die Unterlassung einer nothwendigen Ausgabe für strafwürdig (!) und die einer nützlichen nur dann für entschuldigt, wenn bewiesen werden könnte, daß ein anderer nothwendiger oder noch nützlicherer Zweck Noth gelitten hätte durch Leistung dieser Ausgabe.“ Allein, wie soll eine Entscheidung darüber gefunden werden, ob eine Ausgabe nothwendig oder blos nützlich ist, und ob ein nützlicher Zweck noch nützlicher ist wie ein anderer nützlicher Zweck? Wen trifft die Beweislast, daß dieser noch nützlichere Zweck Noth gelitten hätte bei Leistung der einfach nützlichen Ausgabe und mit welchen Beweismitteln ist dieser Beweis zu führen?

eine solche Ausgabe bis zum nächsten Jahre aufschieben oder aus disponiblen Fonds bestreiten lassen; man kann dies aber keineswegs als allgemein gültige Regel aufstellen. Es wäre ja denkbar, daß durch ein Versehen einmal im Etatsgesetz eine Kapitel- oder Titelsumme, also die Ausgabe für eine ganze Abtheilung eines Verwaltungszweiges ausgelassen würde. Es kann ferner vorkommen, daß der Fiskus durch rechtskräftiges Erkenntniß zu Zahlungen verurtheilt wird, zu denen sich die Regierung bei Aufstellung des Etats nicht für verpflichtet hielt. Namentlich aber können Regierung und Landtag über die Höhe der zu gewissen Zwecken erforderlichen Geldbeträge im Irrthum sein; die wirkliche Durchführung kann selbst bei der größten Sparsamkeit viel größere Kosten verursachen, als veranschlagt worden ist.

In allen diesen Fällen ist es durchaus irrig, die Mehrausgaben als **ungesetzliche**, oder gar als **Verletzungen des Etatsgesetzes** anzusehen und zu behaupten, die Regierung sei zu denselben nicht befugt. Die Befugniß der Regerung kann vielmehr sehr wohl vorhanden sein, sie ist nur noch nicht vom Landtage anerkannt und es liegt der Regierung darum ob, noch achträglich dieses Anerkenntniß zu beschaffen. Die Regierung trägt das Risiko, daß diese Anerkennung versagt werden könne; sie muß auf eigene Verantwortlichkeit die Nothwendigkeit und Nützlichkeit dieser Ausgaben prüfen und vertreten, während sie bei den durch das Etatsgesetz bereits bewilligten Ausgaben von dieser Verantwortlichkeit frei ist. Daß aber die Regierung durch jede dieser Ausgaben eine Ungesetzlichkeit verübe, für welche sie die Kammer gleichsam um Pardon oder „Indemnität“ zu bitten habe,[31]) ist eine zwar sehr verbreitete, aber dessenungeachtet nur auf politischen Vorurtheilen beruhende, irrthümliche Anschauung.[32]) In der Preußischen Verf.-Urk. kommt der Ausdruck „Indemnität“ gar nicht vor; dieselbe beschränkt sich vielmehr darauf, im Art. 104 Abs. 1 zu bestimmen:

> Zu Etats-Ueberschreitungen ist die nachträgliche Genehmigung der Kammern erforderlich.

3) Es ergiebt sich aus den vorstehenden Ausführungen, welchen Charakter die nachträgliche Genehmigung der Etatsüberschreitungen durch die Kammern hat. Dieselbe ist aufzufassen als **eine Rektifizirung des ursprünglichen Etats**, als eine Ergänzung und Emendation desselben.

Der Unterschied zwischen der Genehmigung der Etatsüberschrei-

---

[31]) Diese falsche Auffassung hat auch in neuester Zeit wieder einen Ausdruck gefunden in Grotefend's Deutschem Staatsrecht der Gegenwart (1869) S. 632 Note 2: „Die Indemnitätserklärung geht von der **Unrechtmäßigkeit** der Regierungshandlungen aus, läßt aber das **formelle Unrecht** hinter materielle Rücksichtnahmen zurücktreten.“

[32]) Selbst v. **Mohl** ist nicht frei davon. Er sagt im Würtemb. Staatsrecht (2. umgearbeitete Aufl. 1846) Bd. II. S. 757: „Eine von dem Finanzgesetze nicht anerkannte Ausgabe ist nicht zu machen .... Die einzig rechtlich erlaubte Ausnahme wäre, wenn die Ausgabe zur Erhaltung des Staates oder seiner wesentlichen Einrichtungen nothwendig ist; bloße Nützlichkeit der Ausgabe berechtigt nicht zur Ueberschreitung des Etats, obgleich sie natürlich die Ständeversammlung zu milderem Urtheile über die Ungesetzlichkeit (!) und selbst zu deren Genehmigung bewegen kann.“ (!)

tungen und der Justifizirung der Rechnungen und Dechargirung der Finanzverwaltung ist sehr klar; die letztere erkennt an, daß die angegebenen Beträge wirklich verausgabt worden sind, daß ihr Verbleib ordnungsmäßig nachgewiesen ist; die erstere, daß sie im Interesse des Staates, zur Durchführung der Gesetze oder zur Förderung des öffentlichen Wohls verausgabt werden mußten oder durften.[33])

Materiell sind daher für die Genehmigung der Etatsüberschreitungen ganz dieselben Rechtsgrundsätze maßgebend, wie für die Genehmigung des eigentlichen Etats. Auch hier steht es keineswegs in schrankenlosem Belieben des Landtages, die Genehmigung zu ertheilen oder nicht zu ertheilen. Es giebt vielmehr auch Fälle, in denen der Landtag durch Verweigerung der Genehmigung sich eines Mißbrauchs des Budgetrechts schuldig machen würde; wenn nämlich die Ausgabe zur Durchführung der Gesetze und der anerkannten Staatseinrichtungen nothwendig und unaufschiebbar gewesen ist. Die Prüfung dieser Frage sollte nur nach Rechtsgrundsätzen, nicht mit Berücksichtigung politischer Partei-Interessen geschehen und ihre Entscheidung würde daher am besten von einem Staats-Gerichtshofe erfolgen. Da die Verfassung nun aber eine solche Institution nicht kennt, so sollte der Landtag bei Beurtheilung der Etats-Ueberschreitungen sich an die Pflichten eines Gerichtshofes des öffentlichen Rechts gebunden fühlen. Man kann dem Preußischen Landtage nachrühmen, daß er auch in der That die nachträgliche Genehmigung von Etats-Ueberschreitungen noch nicht zur politischen Parteifrage gemacht hat, sondern sich ausschließlich durch sachliche Gründe hat leiten lassen.

Der materiellen Gleichartigkeit der nachträglichen Genehmigung von Etats-Ueberschreitungen und der vorgängigen Genehmigung des Ausgaben-Voranschlags würde es entsprechen, beide Akte auch formell gleichmäßig zu behandeln; also etwa die Uebereinstimmung zwischen Regierung und Landtag hinsichtlich der Etats-Ueberschreitungen zu konstatiren durch ein „Gesetz, betreffend die nachträgliche Berichtigung und Ergänzung des Staatshaushalts-Etats für das Jahr x . . .“[34]) Die Verschieden-

---

[33]) Auch der Art. 104 der Verfassungs-Urkunde unterscheidet „die nachträgliche Genehmigung zu Etats-Ueberschreitungen“ und „die Entlastung der Staats-Regierung“ auf Grund der allgemeinen Rechnung über den Staatshaushalt jedes Jahres. In der geschäftlichen Behandlung im Landtage sind daher auch beide Angelegenheiten streng auseinander zu halten. Der Landtag von 1852 hat freilich gerade das Gegentheil für wünschenswerth erachtet, später aber hat sich eine richtigere Anschauung Geltung verschafft. Vortreffliche Ausführungen darüber enthält der Bericht der Budget-Kommission des Abgeordnetenhauses in den Drucksachen der VII. Legislatur-Periode I. Session 1862 Bd. 2 Nr. 63. Vgl. ferner den Vorbericht der Budget-Kommission über die Etats-Ueberschreitungen und außeretatsmäßigen Ausgaben der Jahre 1866 und 1867 (Drucksachen des Abgeordnetenhauses X. Legislatur-Periode II. Session 1868 Bd. 4 Nr. 328) und den Bericht der Budget-Kommission über die allgemeine Rechnung des Jahres 1866 (Drucksachen des Abgeordnetenhauses X. Legislatur-Periode III. Session 1869 Bd. 4 Nr. 338).

[34]) Vgl. den Bericht der Budget-Kommission des Abgeordnetenhauses über die Etats-Ueberschreitungen und außeretatsmäßigen Ausgaben der Jahre 1859, 1860, 1861 in den Drucks. der VII. Legislatur-Periode II. Session 1863 Bd. 4 Nr. 170. Auch v. Rönne (3. Aufl.) I. Bd. 1. Abth. S. 427 Note 2 schließt sich dieser Ansicht an.

heit der Fassung des Art. 99, welcher die Feststellung des Etats durch ein Gesetz vorschreibt, und des Art. 104, welcher nur die Genehmigung der Kammern erfordert, hat aber eine ganz abweichende formelle Behandlung hervorgebracht, indem man sich damit begnügt, daß jede der beiden Kammern ihre Zustimmung durch eine Resolution ausspricht.

4) Besonders schwierig und bestritten ist die Definition des Begriffs der Etats-Ueberschreitung.

Nach der einen, vom Preußischen Abgeordnetenhause wiederholt und konsequent geltend gemachten Ansicht, ist jede einzelne Etatsposition, wie sie in dem, dem Abgeordnetenhause vorgelegten, Etatsentwurf und seinen Anlagen aufgeführt und vom Abgeordnetenhause genehmigt ist, also das ganze Detail der sogenannten Verwaltungsetats für die Regierung verbindlich; sie darf bei keiner einzelnen Ausgabe die veranschlagte Summe überschreiten, selbst wenn sie bei anderen Ausgaben gleichwerthige Ersparnisse macht, falls nich das Etatsgesetz selbst eine solche Uebertragung (sogen. Virement), zugelassen hat. Ebenso wenig dürfe die Regierung die für ein Jahr ausgeworfene Summe durch Vorgriffe auf das folgende Jahr willkührlich erhöhen oder Ersparnisse eines Jahres auf das folgende Jahr übernehmen oder verwenden.

Die praktische Durchführung dieser Theorie ist für die Regierung eine äußerst lästige Fessel und mit großen Schwierigkeiten verknüpft, dieselbe ist daher auch von der Regierung mit Zähigkeit bekämpft worden.

Den äußersten Gegensatz zu dieser Theorie würde die Ansicht bilden, daß nur die Gesammtsumme des ganzen Etats, oder die Gesammtsumme der ordentlichen Ausgaben und die Gesammtsumme der einmaligen und außerordentlichen Ausgaben rechtsverbindliche Gesetzeskraft haben. Das „Gesetz, betreffend den Staatshaushalts-Etat“ laute ja ausdrücklich dahin, daß der als Anlage beigefügte Etat auf so und so viel Millionen an fortdauernden, und auf so und so viel Millionen an einmaligen und außerordentlichen Ausgaben festgestellt wird.

Halten sich die Gesammt-Ausgaben der Staatsverwaltung innerhalb dieser durch Gesetz festgestellten Grenze, so sei keine Ueberschreitung vorhanden, wenngleich im Einzelnen die Geldsumme nicht gerade so verwendet worden ist, wie der in der Kammer durchberathene und angenommene Etat veranschlagt hat.

Nach dieser Auffassung gewinnt die Generalsumme des Etats den Charakter eines Pauschquantums, welches der Regierung zum Zweck der Verwaltung zur Vrfügung gestellt wird, während die speziellen Aufstellungen des Etats nur die Motive darstellen, aus denen die Regierung ein so hohes Pauschquantum fordert und der Landtag dasselbe bewilligt.

Dabei wären aber alle vom Landtage im Einzelnen gefaßten Beschlüsse, insbesondere alle Streichungen oder Kürzungen von Etatspositionen gänzlich unwirksam und illusorisch. Die Regierung könnte ohne Rücksicht auf alle derartigen Beschlüsse mit Fug und Recht diese Summen ausgeben, wenn sie dieselben nur an irgend einer andern Stelle der Staatsverwaltung erspart. Die Feststellung der einzelnen Positionen des Etats durch Landtagsbeschlüsse wäre eine ganz überflüssige Mühe, das Detail des Etats brauchte blos zur Kenntnißnahme und Erinnerung vorgelegt zu werden, die Abstimmung könnte sich auf die Generalsumme beschränken. Das Verhältniß der Regierung und des Landtages hätte die größte Aehnlichkeit mit dem Verhältniß eines Unternehmers zu einem Arbeitgeber, zwischen denen ein Accord über ein auszuführendes Werk verhandelt wird.

Es bedarf keiner weiteren Auseinandersetzung, daß die Durchführung einer solchen Theorie das Budgetrecht des Landtags dem Erfolge nach vernichten, der Regierung eine schrankenlose Verfügung über die Geldmittel des Staates gewähren und sonach den ganzen Zweck der Etats-Berathung und Feststellung vereiteln würde. Die Regierung selbst hat auch niemals sich zu dieser Theorie bekannt oder die Anerkennung derselben vom Landtage gefordert.

Die staatsrechtliche Praxis in Preußen hat vielmehr einer dritten, zwischen den beiden besprochenen Theorien mitten inne liegenden Theorie zur Geltung verholfen, welche sich an das schon lange vor Einführung der Repräsentativ-Verfassung bestehende Recht anschließt. Darnach wird die verbindliche Kraft des Budgetgesetzes weder auf die singulären Positionen aller Verwaltungs-Etats ausgedehnt noch auf die Generalsumme des gesammten Staatshaushalts-Etats eingeschränkt. Es werden vielmehr die Ausgaben in eine gewisse Anzahl von Gruppen zusammengefaßt und der Etat demgemäß in Kapitel und Titel abgetheilt, deren Summen dem den Staatshaushalts-Etat feststellenden Gesetz als Anlage beigegeben werden. Diesen Spezialsummen wird die Gesetzeskraft zugeschrieben und zu Ueberschreitungen derselben die nachträgliche Genehmigung der Kammern nach Art. 104 Abs. 1. der Verf.-Urk. erfordert, soweit nicht einzelne Titel in dem Etat als übertragbar ausdrücklich bezeichnet sind, und bei solchen die Mehrausgaben bei einem Titel durch Minderausgaben bei andern ausgeglichen werden.

Dadurch erreicht man praktisch ein leidlich zufriedenstellendes Resultat. Der Regierung bleibt ein Spielraum wenigstens innerhalb gewisser Kategorien von Ausgaben frei; nur wenn sie die Gesammtsumme der für jede dieser Kategorien bewilligten Beträge übersteigt, macht sie sich einer Etats-Ueberschreitung schuldig, für welche sie den Landtag „um Indemnität zu bitten" hat; dem Landtag andererseits ist eine Garantie geboten, daß Gelder nicht zu gänzlich anderen Zwecken verwendet werden, als zu denen er sie bewilligt hat, wenngleich die Verausgabung im Detail nicht ganz so erfolgt, wie dies im Voranschlage des Etats und den zu Grunde liegenden Nachweisungen und Anlagen in Aussicht genommen war. Eine theoretische Rechtsfertigung erblickt man darin, daß die Titel- und Kapitel-Summen durch die Gesetzsammlung publizirt und in dem Etats-Gesetz andrücklich als Anlage in Bezug genommen werden, so daß auch diesen Summen die „Gesetzeskraft" zukömmt, nicht aber den einzelnen, sie zusammensetzenden Rechnungsposten, welche nur die Bedeutung von „Gesetzes-Motiven" haben.

Diese Theorie beruht im Grunde auf genau denselben falschen Anschauungen, wie die vorhin erwähnte, nach welcher nur der Generalsumme des Gesammt-Etats „Gesetzeskraft" zukömmt. Auch ihr liegt der Irrthum zu Grunde, als ob der Landtag die Staatsverwaltung gegen ein Pauschquantum in Verding geben würde; nur wird nicht die gesammte Verwaltung gegen ein einheitliches Pauschquantum übertragen, sondern stückweise für besonders normirte Akkordsummen, etwa wie ein Eisenbahnbau nicht für die ganze Linie an Einen Bauunternehmer, sondern streckenweise an viele Bauunternehmer vergeben werden kann. Der Sinn und Zweck der Budget-Berathung wird dadurch vollständig gefälscht.

Der durch die Gesetzsammlung veröffentlichte Etat ist nur ein Extrakt aus dem wirklich zur Ausführung bestimmten Etat, seine Summen haben keine selbständige Bedeutung, sondern sie sind nur die Zusammenfassung der bewilligten Ausgaben in arithmetisch kürzerer und übersichtlicherer Form. So wie die Gesammt-Summe des ganzen Etats keine selbständige Bedeutung gegenüber den einzelnen Titel- und Kapitelsummen hat, sondern durch dieselben mit mathematischer Nothwendigkeit gegeben ist, gerade ebenso ist dies der Fall bei den Summen der für die einzelnen Verwaltungszweige genehmigten Ausgaben.

Die Titel- und Kapitelsummen sind nur das rechnungsmäßige Facit der einzelnen, ihnen zu Grunde liegenden, in den Verwaltungs-Etats und anderen Anlagen enthaltenen Ausgabeposten. Es ist unmöglich oder widersinnig, daß die Regierung in dem Etatsentwurf andere Kapitel- oder Titelsummen fordere, als sich durch die Zusammenrechnung aller einzelnen, in den Anlagen nachgewiesenen Detail-Ausgaben von selbst ergeben, oder daß der Landtag die Kapitel- oder Titelsummen herabsetze ohne darüber sich zu erklären, welche einzelne Ausgabe wegbleiben soll.

Die Titel- und Kapitelsumme läßt sich von den, sie zusammensetzenden Posten nicht losgelöst und in der Luft schwebend denken; die Genehmigung der einzelnen Posten ist der Grund, die Bewilligung der Gesammt-Summe die nothwendige Folge. Bei der bekämpften Theorie dagegen wäre die Genehmigung der Gesammt-Summe der Grund und die Befugniß der Regierung zur Leistung der einzelnen Ausgaben innerhalb dieser Summe die Folge; sie kehrt demnach das naturgemäße und logische Verhältniß um.

Hierzu kömmt, daß der Grad der Spezialisirung des Etats ganz von der Willkühr abhängt; es giebt weder allgemeine logische noch positive staatsrechtliche Gründe für die Anzahl der Titel und Kapitel, in welche der Etat zu zerlegen ist, und ebenso wenig für die Art und Weise der Gruppirung der Ausgaben. In jedem Jahre kann einerseits der Landtag darauf bestehen, den Etat weiter zu spezialisiren, als bisher üblich war, indem er die einzelnen in der Regierungsvorlage aufgeführten Rubriken zerlegt und die Summen nur in getrennten Theilsummen genehmigt; und andererseits kann die Regierung alljährlich den Versuch machen, sich eine freiere Disposition über die bewilligten Geldmittel dadurch zu verschaffen, daß sie den Etat in mehr genereller Fassung vorlegt. Zu welcher Bedeutung ein Konflikt über die Fassung des Etats hinsichtlich der Spezialisirung führen kann, hat die Geschichte des Jahres 1862 gelehrt. Selbst wenn Regierung und Abgeordnetenhaus materiell über die zu bewilligenden Geldmittel vollständig einig sind, kann der Streit über die Form des Etats, die bei der herrschenden Praxis von der größten materiellen Bedeutung sein kann, das Zustandekommen des Budget-Gesetzes verhindern.

Endlich ist eine wirksame Kontrole des Landtages darüber, daß nur die von ihm bewilligten Ausgaben thatsächlich geleistet worden sind, bei der herrschenden Praxis ganz unmöglich, wofern die Regierung es nur versteht, nicht bewilligte Ausgaben resp. Mehrausgaben mit einigem Geschick aus solchen Fonds zu leisten, d. h. solchen Rubriken des in der Gesetz-Sammlung publizirtrn Etats unterzuordnen, bei welchen ein aquivalenter Betrag erspart worden ist.[35])

Aus allen diesen Gründen kann man sich dahr der Ueberzeugung nicht verschließen, daß die rechtliche Wirkung des von der Regierung mit dem Landtage vereinbarten Etats sämmtlichen Einzelpositionen der dem Landtage vorgelegten und genehmigten Spezial-Etats der Central-Verwaltungs-Stellen zukömmt.

Diese rechtliche Wirkung besteht aber, wie bereits öfters hervorgehoben wurde, nicht in materieller Gesetzeskraft, sondern lediglich in Konstatirung des Einverständnisses der Regierung und des Landtages über die Nothwendigkeit oder Angemessenheit gewisser Ausgaben. Daraus ergiebt sich zugleich, daß es durchaus verkehrt ist, alle Titel und Positionen des Etats in Bezug auf den Begriff der Etats-Ueberschreitungen ganz gleichmäßig behandeln zu wollen.

Es ist vollkommen möglich, daß für die Durchführung irgend eines Werkes, für die Erfüllung irgend einer Aufgabe dr Staatsverwaltung eine Summe vom Landtage als Pauschquantum bewilligt wird, deren Verwendung im Einzelnen der Regierung überlassen bleibt und oft der Natur der Sache nach überlassen bleiben muß. Dies ist insbesondere der Fall bei allen Bauten auf dem Gebiete sämmtlicher Verwaltungen, bei der Anlage von Eisenbahnen, Kanälen und Straßen, bei den sogen. Dispositionsfonds, welche für die Mehrzahl der Ministerien in den Etats ausgesetzt sind.

Es ist ebenso gut das andere Extrem möglich, daß die Verwendung der in einem Titel zusammengefaßten Summe bis auf den letzten Pfennig genau bestimmt ist, mit Ausschluß jeder eigenmächtigen Verfügung des Ressort-Chefs. Dies ist insbesondere der Fall bei zahlreichen Titeln, welche die „persönlichen Ausgaben" für einzelne Behörden bestimmen und nichts sind als die arithmetischen Summen der Gehälter der bei diesen Behörden angestellten Beamten.

Dazwischen aber giebt es unzählige Mittelstufen. Die Begriffe: „Pauschquantum und spezielle Bewilligung" sind durchaus relativ; die Spezialisirung läßt sich durch eine gewöhnlich sehr große Zahl von

---

[35]) So hat beispielsweise einmal der Minister der landwirthschaftlichen Angelegenheiten aus dem Fond „für allgemeine wissenschaftliche und gemeinnützige Werke" ungefähr 2200 Thlr. verwendet zur Verbesserung des Zug- und Zuchtviehbestandes 2c. auf dem Gute der Akademie zu Poppelsdorf. Bericht der Budget-Kommission des Abgeordnetenhauses über die allgemeine Rechnung der Jahre 1859—1863. Drucksachen IX. Legislatur-Periode I. Session 1866—1867 Bd. III. Nr. 178 S. 9.

Stufen treiben. Die meisten Titel des Etatsgesetzes liefern davon anschauliche Beispiele.

Der Etat des Ministerium der geistlichen, Unterrichts- und Medizinal-Angelegenheiten enthält einen Titel „Universitäten"; die in demselben angegebene Summe ist aber kein Pauschquantum zur Disposition des Ministers, sondern zunächst das arimethische Facit der für jede einzelne Landes-Universität erforderlichen Summen. Auch die letzteren sind nicht Pauschsummen, sondern setzten sich zusammen aus den Gehältern der Professoren und Universitätsbeamten und aus den Kosten der Universitäts-Institute u. s. w. Damit hört die Möglichkeit der Spezialisirung aber keineswegs auf, denn jedes einzelne Institut hat wieder seinen besonderen Etat, und in diesen Etats der Kliniken, Sternwarten, botanischen Gärten u. s. w. giebt es gewisse Posten, die wieder theils Pauschquanta, theils bloße Rechnungssummen von noch spezielleren Positionen sind.

In derselben Weise lassen sich gewisse Titelsummen im Etat des Justizministeriums, des Finanzministeriums, des Ministeriums des Innern nicht nur auflösen in die Kosten der einzelnen Gerichte, Regierungsbehörden, Landrathsämter u. s. w., sondern jede dieser Theilsummen kann weiter spezialisirt werden bis zu den für Federn und Papier erforderlichen Beträgen und den Arbeitslöhnen, welche für das Reinigen der Fußböden und Fenster in den einzelnen Amtslokalen in Ansatz zu bringen sind. Es ergiebt sich hieraus, daß mit dem Satze, daß nicht blos die Kapitel- und Titelsummen, sondern auch die denselben zu Grunde liegenden Verwaltungs-Etats für die Regierung bindend sind, allein wenig gewonnen ist; da durch denselben noch nicht die Grenze bezeichnet ist, bis zu welcher die Regierung gehindert sein soll, Mehrausgaben und Ersparnisse gegenseitig zu übertragen. Ist der Kultus-Minister beispielsweise nur daran gehindert, den für die Universität A. ausgeworfenen Betrag eigenmächtig zu überschreiten und die Mehrkosten aus den Ersparnissen an den Universitäten B. und C. zu decken; oder ist er auch verpflichtet, die nachträgliche Genehmigung der Kammern einzuholen, wenn er dem Direktor eines botanischen Gartens gestattet, Ersparnisse, die bei der Beheizung eines Gewächshauses erzielt worden sind, zur Deckung von Mehrkosten zu verwenden, welche bei der Anschaffung eines Mikroskops entstanden sind?

Derselbe Zweifel kehrt in Betreff des Verbotes der Vorgriffe wieder. Ist etwa eine Ueberschreitung des Etats auch dann vorhanden, wenn die Verwaltung eines Museums die für Neuanschaffungen ausgesetzten Summen in einem Jahre um 100 Thlr. überschreitet und diesen Betrag auf die Rechnung des künftigen Jahres übernimmt?

Eine Beantwortung dieser Zweifel ist nur möglich, wenn man die von uns dargelegte Bedeutung des Etats festhält. Dieselbe besteht darin, daß Regierung und Landtag übereinstimmend gewisse Ausgaben für angemessen erklären. Es kömmt daher darauf an, bis zu welchem Grade der Spezialisirung die Prüfung Seitens des Landtages möglich oder vernünftig war und welche einzelne Ausgabe-Posten daher der

Landtag bei seiner Anerkennung der Angemessenheit der geforderten Beträge im Auge hatte. Dies ist natürlich bei allen Zweigen der Verwaltung höchst verschieden. Schon technische Gründe machen in jedem Kapitel des General-Etats eine andere Art der Bearbeitung der einzelnen Verwaltungs-Etats erforderlich; und zu dieser nothwendig gegebenen Verschiedenheit treten noch willkührliche oder gewohnheitsmäßige Abweichungen. Auch bewirkt die Praxis des Landtages bald an diesem, bald an jenem Punkte eine allmählig fortschreitende Spezialisirung, indem für Summen, die bisher als Ganzes bewilligt worden sind, einmal spezielle Nachweisungen ihrer Verwendung gefordert werden, welche fortan den eigentlichen Gegenstand der Bewilligung bilden. Soweit zwischen Regierung und Landtag eine Vereinbarung vorliegt, darf der eine Kontrahent nicht eigenmächtig davon abweichen, und muß, wenn er die ihm gezogenen Grenzen überschreitet, die nachträgliche Genehmigung des andern Theils nachsuchen; innerhalb der gezogenen Grenzen steht ihm aber freie Verfügung und Bewegung zu. Selbst die unbedingteste Parlamentsherrschaft kann dieselbe den Verwaltungsbehörden nicht ganz entziehen. Es ist in allen einzelnen Fällen quaestio facti, was der Gegenstand der zwischen der Regierung und dem Landtage zu Stande gekommenen Uebereinstimmung war. Wenn z. B. die Anlage zum Etatsgesetz-Entwurf für die öffentliche Bibliothek zu X. 6000 Thlr. in Ansatz bringt und der Landtag diese Position unbeanstandet läßt, so überschreitet der Minister zweifellos den Etat, falls er für die Bibliothek zu X. 8000 Thlr. verwendet, wenngleich er diese 2000 Thlr. an anderen öffentlichen Bibliotheken erspart, im Ganzen also die für öffentliche Bibliotheken ausgeworfene Gesammtsumme innehält; denn der Landtag hat in dieser Höhe von 8000 Thlrn. das Bedürfniß der Bibliothek zu X. nicht anerkannt. Die Bestimmung aber, wieviel von der genehmigten Summe auf Buchbinder-Lohn und wie viel auf die Neuanschaffung von Büchern zu verwenden, oder wie diese letztere Summe wieder auf die verschiedenen Literatur-Zweige zu vertheilen ist, bleibt dem Minister vorbehalten. Der Spezial-Etat der Bibliothek in diesem Sinne unterliegt seiner selbständigen Festsetzung und daher steht es auch ihm zu, Abweichungen des Oberbibliothekars von diesem Etat zu genehmigen, ohne dafür seinerseits die Genehmigung der Kammern einholen zu müssen.

Es bestimmt sich überall durch die nothwendigen Bedingungen des Verwaltungsdienstes und des Staats-Interesses, also vorwiegend durch faktische Umstände, bis zu welchem Punkte die Verwendung einer Summe vorher durch Regierung und Landtag festgestellt werden kann, und wo die freie Verfügung des Ministers innerhalb des festgestellten Zweckes beginnen muß. Auch das Bestimmungsrecht des Ministers erreicht wieder seine Grenzen und macht innerhalb der Peripherie kleinerer Kreise der freien Disposition tiefer stehender Beamten Platz, denen zur Befriedigung bestimmter Verwaltungs-Bedürfnisse Pauschsummen überwiesen werden müssen, deren Verausgabung im Einzelnen ihrem amtlichen Ermessen überlassen bleibt.

Es kann freilich nicht geleugnet werden, daß der von uns aufgestellte Grundsatz in der Durchführung zu vielen Streitigkeiten führen kann; denn bei einer unzähligen Menge von Etats-Positionen wird es in Zweifel gezogen werden können, bis zu welchem Grade der Spezialisirung der Landtag seine Prüfung, und folgeweise auch seine Genehmigung erstreckt hat. Es ist eben ein Uebelstand, der bei jedweder Frage thatsächlichen Inhalts auf allen Gebieten des Lebens wiederkehrt, daß sie einer verschiedenen Beurtheilung unterliegen und die Feststellung absoluter Wahrheit oft sehr schwierig, ja bisweilen unmöglich ist. Ein verhängnißvoller Irrthum aber ist es, wenn man glaubt, diese Schwierigkeit dadurch beseitigen zu können, daß man an Stelle eingehender, thatsächlicher Prüfung im einzelnen konkreten Falle allgemeine und abstrakte Regeln setzt. Die Geschichte der formellen Beweistheorie des Kriminal- und Civilprozesses giebt auf einem anderen Gebiete ein höchst eindringliches Beispiel, zu welchen Verirrungen ein solcher Versuch führen muß.

Der einzige praktische Ausweg, um Streitigkeiten zwischen Regierung und Landtag über den Begriff der Etats-Ueberschreitungen zu verhüten, ist die Aufstellung eines detaillirten Normal-Etats. In demselben sind nicht, wie in den bisher durch die Gesetz-Sammlung publizirten Etats, die Bedürfnisse ausgedehnter Verwaltungszweige in einer einzigen Summe aufzuführen, die oft Hunderttausende oder Millionen von Thalern beträgt, sondern die Positionen sind bis zu demjenigen Detail zu spezialisiren, wo die freie Disposition der Verwaltungs-Chefs innerhalb des angegebenen Zweckes der Summe eintritt.

Sowie ein solcher Normal-Etat, wie wir im siebenten Kapitel ausgeführt haben, die Zweifel heben würde, wie weit die Grenzen des Bewilligungs- resp. Streichungs-Rechtes des Landtages reichen, so würde er auch die Zweifel beseitigen, wo die Grenzen der freien Disposition der Regierung über die ausgesetzten Geldmittel und der Etats-Ueberschreitungen liegen.

Der jetzige staatsrechtliche Zustand in Preußen legt dem Landtage und der Regierung in beiden Beziehungen für jeden einzelnen Fall die Pflicht auf, die That- und Rechtsfrage selbst zu entscheiden und die Schwierigkeiten dieser ohnehin großen und bedenklichen Aufgabe werden noch dadurch erhöht, daß über die zur Anwendung zu bringenden Rechtssätze selbst weder Einverständniß noch Klarheit herrscht.

5) Die richtige Erkenntniß der wahren Bedeutung des Etatsgesetzes und des Begriffes der Etatsüberschreitungen gestattet auch eine befriedigende Lösung der oft verhandelten, aber meistens unter unrichtigem Gesichtspunkte aufgefaßten Frage, ob Königl. Ordres, durch welche Geldverwendungen, die im Etat nicht vorgesehen oder anders vorgesehen sind, justifizirt werden, mit den Grundsätzen der Verfassung zu vereinigen sind. Man pflegt auch hier den Gesichtspunkt der Gesetzgebung festzuhalten und diese Kabinets-Ordres demgemäß als Königl. Verordnungen zu betrachten. Da sie nun weder als Ausführungs-Verordnungen des Staatshaushalts-Etat-Gesetzes, das sie ja gerade abändern, angesehen werden können, noch die für Nothstands-Verordnungen im Art. 63 der Verf.-Urk. vorgeschriebenen Vor-

aussetzungen bei ihnen vorhanden sind, die Verf.-Urk. überdies die Feststellung aller Ausgaben durch das Etats-Gesetz vorschreibt, so deduzirt man daraus ihre Unzulässigkeit.[36])

Man muß indeß bei diesen Kabinets-Ordres zwei verschiedene Beziehungen streng auseinanderhalten. Nur in einer derselben ist die herrschende Anschauung richtig und zwar auch hier aus einem ganz andern Grunde, als auf den man sie zu stützen pflegt.

Hält man fest, daß die Genehmigung des Landtages zum Etats-Entwurf und seinen einzelnen Positionen sachlich eine Erklärung des Landtages ist, durch welche er seinerseits die Nothwendigkeit und Angemessenheit gewisser Ausgaben anerkennt, so ergiebt sich, daß eine Königl. Kabinets-Ordre die Genehmigung des Landtages niemals und unter keinen Umständen ersetzen kann. Die Aufstellung einer Rechtsregel oder der Erlaß eines Befehls kann statt in der regelmäßigen Form des Gesetzes unter gewissen Umständen auch ohne Zustimmung des Landtages in der Form der Verordnung erfolgen; eine Königl. Kabinets-Ordre kann also sehr wohl die Kraft haben, daß sie die Verwaltungschefs zur Leistung gewisser Ausgaben nöthigt, gleichviel ob dieselben im Etat aufgeführt sind oder nicht, und daß sie daher den Verwaltungschefs nur die Wahl läßt, der Kabinets-Ordre zu gehorchen oder das Amt niederzulegen. Willensäußerungen oder Urtheile des Landtages aber können niemals durch einen Willensakt der Krone ersetzt werden; es wäre ein Widerspruch in sich, daß die Krone nach der Verfassung für alle Ausgaben des Staates die vorgängige oder nachträgliche Genehmigung des Landtages einholen muß und doch zugleich berechtigt sein soll, eigenmächtig den ausgesprochenen Willen des Landtags abzuändern oder seiner Entscheidung in bindender Weise vorzugreifen.

Es ergiebt sich daher, daß die Regierung für alle Etats-Ueberschreitungen und außeretatsmäßigen Ausgaben die Genehmigung des Landtages einzuholen verpflichtet ist, ohne daß die Extrahirung justifizirender Kabinets-Ordres sie davon befreien oder der freien Entscheidung des Landtages im Geringsten präjudiziren kann.

Ganz verkehrt aber ist es, die staatsrechtliche Unzulässigkeit oder Ungültigkeit solcher Kgl. Kabinets-Ordres als eine Konsequenz des verfassungsmäßigen Budgetrechts hinzustellen. Diese Kabinets-Ordres sind im Gegentheil durchaus nothwendig und sowohl durch die Natur der Sache als die Prinzipien der Verfassungs-Urkunde geboten.

Die Minister sind nicht nur dem Landtage sondern auch der Krone gegenüber verantwortlich; sie sind von Rechts wegen nicht die Inhaber der Regierungsgewalt, sondern dieselbe steht nach Art. 45 der Verf.-Urk. dem Könige zu, dessen Diener und Gehülfen sie sind. Die Feststellung des Staatshaushalts-Etats erfolgt diesem Prinzip entsprechend, wenigstens formell, nicht durch die Minister und den Landtag, sondern nach

---

[36]) Vgl. den Bericht der Budget-Kommission des Abgeordnetenhauses über die allgemeine Rechnung der Jahre 1859, 1860, 1861, 1862, 1863 in den Drucksachen der IX. Legislatur-Periode I. Session 1866—67 Bd. 3. Nr. 178 S. 13 fg. und den Bericht der Budget-Kommission des Abg. Hauses vom 9. Febr. 1870 in den Drucksachen der X. Legislatur-Periode III. Session 1869 Bd. 4 Nr. 338 S. 5 fg.

eingeholter Zustimmung des Landtages durch den König. Gerade bei dieser, sämmtliche Verwaltungszweige berührenden, wichtigsten und höchsten Maßregel der Verwaltung ist es von der größten Wichtigkeit, daß die Regierungsgewalt nicht in selbstständig nebeneinanderstehende, äußerlich verbundene Ministerialgewalten sich auflöst, sondern daß ihre in der Person des Königs gegebene höhere Einheit sich geltend macht, welche die Interessen und Ansprüche der zahlreichen Dienstzweige gegeneinander abwägt und auf dasjenige Maß reduzirt, welches die Finanzlage des Staates und die Berücksichtigung der Gesammt-Interessen erfordert. Der Minister ist daher nicht nur dem Landtage, sondern auch dem Könige gegenüber verpflichtet, die Positionen des Etats inne zu halten. Er befindet sich in dieser Hinsicht dem Könige gegenüber in ganz ähnlicher Lage, wie sich wieder zahlreiche Unterbeamte dem Minister gegenüber befinden. So wie die Vorsteher der Staatsinstitute dem vorgesetzten Minister gegenüber zur Beobachtung des ihnen vorgezeichneten Instituts-Etats verpflichtet sind und zu Abweichungen von demselben die ministerielle Genehmigung einholen müssen, so das Ministerium gegenüber der Krone. Es hieße, die Regierungsgewalt des Königs vollständig aufheben und die Ministerialgewalt an die Stelle derselben setzen, wenn die Minister nicht dem Könige, sondern nur dem Landtage gegenüber Etats-Ueberschreitungen zu verantworten hätten. Für die Ordnung und Zweckmäßigkeit der Staatsverwaltung hat zweifellos in erster Linie der König, als Inhaber der „vollziehenden Gewalt“ einzustehen; in dem rechtsgültig zu Stande gekommenen Budget-Gesetz ist daher nicht blos die Ansicht des Landtages, sondern an erster Stelle die damit übereinstimmende Ansicht des Königs, welche Ausgaben nöthig und angemessen seien, zu erblicken und von den Ministern zu respektiren. Es ergiebt sich daraus, daß sie zu Abweichungen und Ueberschreitungen des Etats die Genehmigung des Königs einholen müssen. Zugleich aber folgt daraus, daß sie **außerdem** auch die Genehmigung des Landtages brauchen und daß die Genehmigung einer Etats-Ueberschreitung oder außeretatsmäßigen Ausgabe von Seiten des Königs als oberstem Chef der Verwaltung die Minister nicht von ihrer Verantwortlichkeit gegen den Landtag befreit.

Die justifizirenden Kabinets-Ordres sind keine Verordnungen; sie fallen ebenso wenig unter den Begriff der Gesetze im materiellen Sinne wie der Staatshaushalts-Etat selbst. Sie sind vielmehr Akte auf dem Gebiete der Staatsverwaltung und ihre Veröffentlichung durch die Gesetzsammlung unterbleibt mit Fug und Recht. Sie sind ferner nicht nur nicht unverträglich mit dem konstitutionellen System und dem Budgetrecht des Landtages, sondern der Landtag kann mit Recht verlangen, daß der Minister, welcher von ihm die Genehmigung für Etats-Ueberschreitungen und außeretatsmäßige Ausgaben fordert, sich darüber ausweist, daß von Seiten des allerhöchsten Chefs der gesammten Staatsverwaltung diese Genehmigung nicht versagt worden ist.

Man hat nun aber ein Bedenken darin gefunden, daß die justifizirenden Kabinets-Ordres **früher** extrahirt werden, als der Landtag seine Genehmigung ausgesprochen hat, weil dadurch einerseits auf den Landtag eine Pression ausgeübt und andererseits das Ansehen der Krone gefährdet werde, falls der Landtag nachträglich die Genehmigung versagt.[37])

Diese Gründe sind aber nicht stichhaltig. Mit demselben Rechte könnte man eine Pression auf den Landtag darin finden, daß der Entwurf zum Staatshaushalts-Etat und überhaupt jeder Gesetzentwurf von den Ministern dem Landtage „auf Grund allerhöchster Ermächtigung" vorgelegt wird, und doch hat niemals diese allerhöchste Ermächtigung und die darin ausgesprochene Zustimmung des Königs zu dem Inhalt des Entwurfs den Landtag verhindert, die Vorlage abzulehnen oder zu amendiren. Durch die Nichtertheilung der Genehmigung zu einer durch Kabinets-Ordre bereits justifizirten Ausgabe kann auch die Würde der Krone nicht verletzt werden; denn der Landtag annullirt dadurch keineswegs eine Verfügung der Krone, sondern er spricht dadurch nur eine andere Ansicht und Willensäußerung in einem Falle aus, in welchem Krone und Landtag zu durchaus selbstständigen und von einander unabhängigen Entschließungen verfassungsmäßig berufen und berechtigt sind.

Dagegen würde der König in eine Stellung versetzt werden, die allerdings des „Inhabers der vollziehenden Gewalt" unwürdig wäre, wenn die Minister den vom Könige sanktionirten Etat unbekümmert um den Willen des Königs überschreiten dürften und sich lediglich mit dem Landtage darüber auseinanderzusetzen hätten. Thatsächlich würde diese Beiseite-Schiebung des Königlichen Willens kaum verändert werden, wenn die Minister Etats-Ueberschreitungen und außeretatsmäßige Ausgaben erst, nachdem sie die Genehmigung beider Kammern dafür erlangt haben, auch dem Könige zur Sanktion unterbreiten würden. Da inzwischen ein Zeitraum von mindestens 2 Jahren verstrichen wäre, so würde eine nachträgliche Prüfung der Nothwendigkeit und Dringlichkeit jener Ausgaben Seitens der Krone theils überaus erschwert, theils des praktischen Interesses beraubt sein, mithin in der Regel unterbleiben müssen; und es würde daher in der überwiegenden Mehrzahl der Fälle die nachträgliche Ertheilung der Genehmigung durch den König eine leere Formalität sein.

6) Wir haben am Ende des siebenten Kapitels gesehen, daß die bestehenden Verfassungs-Einrichtungen in keiner Weise eine Garantie für die Befolgung der bei Feststellung des Etats maßgebenden Rechtsgrundsätze bieten, sondern daß der Landtag thatsächlich in der Lage ist, durch jede beliebige Streichung an dem Etats-Entwurf sich über dieselben hinwegzusetzen. Nicht weniger mangelhaft aber sind andererseits die Garantien dafür, daß der rechtsgültig zu Stande gekommene Etat von der Verwaltung auch wirklich beobachtet und die berechtigtsten Beschlüsse des Landtages berücksichtigt werden.

Es handelt sich hier um zweierlei; um die Möglichkeit einer Kontrole Seitens des Landtages, in wie weit die Positionen des Etats von der Regierung thatsächlich inne gehalten worden sind, und um ein Rechtsmittel, um Verletzungen des Etats zu verfolgen.

---

[37]) Vgl. den oben citirten Bericht der Budget-Kommission des Abgeordnetenhauses von 1866—67.

In der ersten Beziehung bedarf nicht nur der Landtag, sondern auch die Krone einer Einrichtung, um diese Kontrole zu üben. Schon vor Einführung der konstitutionellen Verfassung bestand daher zu diesem Zwecke die Oberrechnungskammer als das dafür bestimmte Organ. Ihre Einrichtung ist im Ganzen musterhaft und dem ursprünglichen Zwecke vollkommen entsprechend. Sie bildet ein höchstes und selbstständiges, nur dem Könige untergeordnetes Kollegium, welches von dem Ministerium vollkommen unabhängig ist. Ihre Wirksamkeit erstreckt sich in drei Richtungen; sie hat zunächst die kalkulatorische Richtigkeit der Rechnungen und die Ordnungsmäßigkeit der Beläge festzustellen, um Defekte und Unterschleife, gesetzwidrige Ausgaben und Einnahmen zu verhüten. Sie hat ferner festzustellen, daß jede einzelne Ausgabe aus dem dafür bestimmten Fonds geleistet und die Höhe dieses Fonds nicht überschritten worden ist, um die Ordnung der Staatsfinanzen zu sichern. Sie hat endlich auf Mängel in der Verwaltung aufmerksam zu machen, welche bei Prüfung der Rechnungen bemerkbar geworden sind, damit Maßregeln zur Abhülfe veranlaßt werden können.

Für die Entlastung der Staatsregierung sind nur die beiden ersten Momente von Belang. Ergeben sich bei der Prüfung der Rechnung in einer der beiden Beziehungen Anstände, so hat die Oberrechnungskammer die Erledigung derselben von den betreffenden Kassen resp. Verwaltungsbehörden zu veranlassen. Der weitaus größte Theil der von der Oberrechnungs-Kammer gemachten Monita wird auf diesem Wege beseitigt. Differenzen, welche zwischen der Oberrechnungskammer und den obersten Ressort-Chefs übrig bleiben, ohne daß sie durch gegenseitige Aufklärungen erledigt werden können, werden durch unmittelbare Entscheidungen der Krone gelöst. Ist Alles formell in Ordnung, so ertheilt die Oberrechnungs-Kammer der Regierung die Entlastung.

In allen Beziehungen handelt die Oberrechnungs-Kammer als Organ des Königs und in seinem Namen; es versteht sich demnach von selbst, daß alle Ordnungswidrigkeiten und Eigenmächtigkeiten, welche in der Verwaltung vorgekommen sind, durch königliche Genehmigung der Oberrechnungskammer gegenüber justifizirt werden.

Als nun bei Einführung der konstitutionellen Verfassungsform der Landtag an der Aufstellung des Staatshaushalts-Etats und der Kontrole der Staatsfinanzen betheiligt wurde, mußte die Ober-Rechnungskammer aufhören, das ausschließliche Organ des Königs zu sein; sie mußte zugleich das Organ des Landtages behufs der Kontrole der Verwaltung werden, wenn man nicht etwa neben der königlichen Ober-Rechnungskammer eine parlamentarische Ober-Rechnungskammer einrichtete. Da die Unzweckmäßigkeit einer solchen doppelten Rechnungsbehörde klar vor Augen lag, so wurde der erste Weg als der allein mögliche gewählt; das wirkliche Betreten desselben aber der Zukunft überlassen und damit das Preußische Verfassungsrecht auch in dieser Beziehung einem Zustande der Unfertigkeit und Mangelhaftigkeit überliefert. Der Art. 104 der Verfassungs-Urkunde enthält nämlich am Ende den Satz:

„Ein besonderes Gesetz wird die Einrichtung und die Befugnisse der Oberrechnungskammer bestimmen."

Schon der Fassung nach ist dies keine Rechtsvorschrift, sondern eine Prophezeiung. Dieselbe ist bekanntlich noch gegenwärtig nicht in Erfüllung gegangen; die Ober-Rechnungskammer ist noch immer nicht zu einem Organe der Landesvertretung geworden.

Nur in einer Beziehung ist die Thätigkeit der Ober-Rechnungskammer auch dem Interesse und den staatlichen Aufgaben des Landtages nutzbar gemacht, indem der Art. 104 die Bestimmung enthält:

„Die allgemeine Rechnung über den Staatshaushalt jeden Jahres, einschließlich einer Uebersicht der Staatsschulden, wird mit den Bemerkungen der Ober-Rechnungskammer zur Entlastung der Staats-Regierung den Kammern vorgelegt."

Aber auch in diesem Punkt ist die Fassung des Artikels ebenso schlecht, wie dies bei der Preußischen Verfassungs-Urkunde leider bei manchem Artikel der Fall ist. Es ist nicht mit Deutlichkeit gesagt, ob alle Bemerkungen der Ober-Rechnungskammer oder welche Art von Bemerkungen dem Landtage vorgelegt werden sollen, und ebenso wenig ist bestimmt, auf welche Punkte die Ober-Rechnungskammer ihre Bemerkungen zu richten habe. Diese Unbestimmtheit hat zu langjährigen parlamentarischen Streitigkeiten den Anlaß gegeben.

Es ist hier nochmals hervorzuheben, daß die Bemerkungen der Ober-Rechnungskammer in drei Klassen zerfallen, die eine betrifft die kalkulatorische Richtigkeit der einzelnen Kassenrechnungen, die andere die Etatsmäßigkeit der Ausgaben, die dritte die bei Prüfung der Rechnungen ersichtlich gewordenen Mängel der Verwaltung.

Eine lange Reihe von Jahren hindurch wurden dem Landtage nur die Bemerkungen der ersten Kategorie vorgelegt. Die einzelnen Kassenrechnungen werden von der Ober-Rechnungskammer geprüft und wenn die einzelnen Posten, die dazu gehörigen Quittungen und andere Beläge, und das arithmetische Fazit in Ordnung gefunden werden, oder die erhobenen Anstände erledigt sind, so werden die Rechnungen mit dem Vermerk der Ober-Rechnungskammer über ihre Richtigkeit versehen. Diese Atteste allein bildeten die „Bemerkungen" der Ober-Rechnungskammer, welche dem Landtage vorgelegt wurden und auf Grund deren die Kammern in den fünfziger Jahren die Entlastung der Staats-Regierung aussprachen. Es wurde wiederholt in den Landtags-Verhandlungen hervorgehoben, daß die Ertheilung der Entlastung in dieser Weise eine leere Förmlichkeit sei und das Wort des Abgeordneten **Kühne**, „daß die bisherige Art der Entlastung ein Gaukelspiel sei", ist oft wiederholt worden und unwiderlegt geblieben. Die allgemeine Staats-Rechnung ist eine bloße Zusammenstellung der Ergebnisse der einzelnen Kassenrechnungen; die Prüfung ihrer Richtigkeit mithin eine lediglich kalkulatorische Arbeit. Nachdem die Ober-Rechnungskammer die einzelnen Kassenrechnungen als richtig attestirt und die kalkulatorische Richtigkeit der Generalrechnung bescheinigt hatte, blieb dem Landtage höchstens die undankbare Aufgabe übrig, die Generalrechnung nochmals durchzurechnen und sich zu überzeugen, daß die Ober-Rechnungskammer richtig addiren kann. Die materielle Richtigkeit, Gesetzmäßigkeit und Ordnungsmäßigkeit aller einzelnen Ausgaben und Einnahmen zu untersuchen, ist für den Landtag, dem nur jene formelle Bescheinigung der Richtigkeit vorgelegt wird, unmöglich, wenn er nicht aus seiner Mitte eine parlamentarische Rechnungskammer einsetzt, die sämmtliche Akten der Ober-Rechnungskammer zur Verfügung hat und sich ihrerseits der ganzen Arbeitslast nochmals unterzieht, die die Ober-Rechnungskammer schon einmal bewältigt hat.

In beiden Häusern des Landtages wurde daher das Verlangen immer und immer laut, daß die materiellen Bemerkungen der Ober-Rechnungskammer vorgelegt werden und zwar ebenso wohl die sogenannten speziellen, d. h. die Notate und Monita zu den einzelnen Rechnungen, als auch die generellen, d. h. die allgemeine Uebersicht über den Zustand des Finanz- und Rechnungswesens und über die in der Verwaltung hervorgetretenen Mängel.[38] Die Forderung des Landtags, auch die Bemerkungen dieser letzten Art kennen zu lernen, mag aus manchen Gründen politischer Natur sich rechtfertigen lassen; die Ertheilung der Decharge aber davon abhängig zu machen, ist staatsrechtlich sicherlich unbegründet, da die Hervorhebung solcher Mängel wohl Veranlassung geben kann, Maßregeln zu treffen, welche für die Zukunft Abhülfe schaffen, nicht aber rückwärts für die Vergangenheit die Haftung der Minister für ordnungs- und gesetzmäßig geleistete Ausgaben begründen oder verlängern kann. Dazu kömmt, daß die Ober-Rechnungskammer nicht gesetzlich verpflichtet werden kann, alljährlich Mängel der Verwaltung zu entdecken, blos damit sie der Kammer zum Zweck der Entlastung der Regierung mitgetheilt werden können, und daß in manchen Fällen die öffentliche Bekanntmachung der von der Ober-Rechnungskammer erhobenen Monita dem Staats-Interesse schädlich sein kann.

Dagegen hat der Landtag ein volles Recht, von der Ober-Rechnungskammer darüber unterrichtet zu werden, welche Abweichungen von den bestehenden gesetzlichen Bestimmungen und insbesondere von dem vereinbarten Etat sich aus den Rechnungen der einzelnen Verwaltungszweige ergeben. Dieser Anspruch des Landtages ist erst seit dem Jahre 1862 im Wesentlichen erfüllt worden, indem seit diesem Jahre dem Landtage nicht blos die Bescheinigungen der Ober-Rechnungskammer über die

---

[38]) Das Abgeordnetenhaus faßte am 23. Januar 1864 auf Antrag der Budget-Kommission mit großer Mehrheit den Beschluß:

> die Königliche Staats-Regierung aufzufordern, die Bemerkungen der Oberrechnungskammer zu den allgemeinen Rechnungen der Jahre 1859, 1860, 1861 dahin ergänzen zu lassen, daß auch die Bemerkungen der Ober-Rechnungskammer über diejenigen erheblichen Mängel in der Verwaltung, welche aus Veranlassung der Prüfung der Rechnungen entdeckt worden sind, sowie über diejenigen Abweichungen von dem gesetzlich festgestellten Staatshaushaltsetat und von den demselben zu Grunde liegenden Etats und Nachweisungen ..... der Landesvertretung mitgetheilt werden.

Fast gleichlautend ist der Beschluß des Abgeordnetenhauses vom 24. Mai 1865 und auch das Herrenhaus hat wiederholt, insbesondere durch Beschlüsse vom 1. Mai 1857 und 24. April 1858 von der Regierung die Vorlage der „allgemeinen gutachtlichen Aeußerungen und Vorschläge der Ober-Rechnungskammer über die Ergebnisse der Staatshaushalts-Verwaltung“ verlangt. Vgl. Bergius, Grundsätze der Finanzwissenschaft. Berlin 1865 S. 477 fg. v. Rönne, Staatsrecht (3. Aufl.) I. 1. S. 429, 430.

kalkulatorische Richtigkeit der Rechnungen, sondern auch eine Zusammenstellung der wirklichen Einnahmen und Ausgaben mit den Ansätzen des Etatsgesetzes und die materiellen Monita der Ober-Rechnungskammer vorgelegt werden; und durch einen Allerhöchsten Erlaß vom 21. Juni 1862 ist der Ober-Rechnungskammer die Anweisung ertheilt worden, daß die aufzustellenden Bemerkungen Folgendes ergeben sollen:

a) welche Etats-Ueberschreitungen gegen die einzelnen Kapitel und Titel des nach Art. 99 der Verfassungs-Urkunde festgestellten Staatshaushalts-Etats stattgefunden haben;

b) ob extraordinäre Ausgaben, für welche der erwähnte Staatshaushalts-Etat keine Deckungsmittel enthält, vorgekommen sind, und

c) welche Erinnerungen bei der Revision derjenigen Rechnungen, durch welche die Ausführung des gedachten Staatshaushalts-Etats, sowie der demselben zu Grunde liegenden Etats und Nachweisungen dargethan wird, aus dem Grunde aufgestellt worden sind, weil das Verfahren der verwaltenden Behörden bei der Vereinnahmung oder Erhebung, bei der Verausgabung oder Verwendung von Staatsgeldern, oder bei Erwerbung, Benutzung oder Veräußerung von Staatseigenthum mit den Bestimmungen des gesetzlich festgestellten Staatshaushalts-Etats im Widerspruch gestanden habe.

Obwohl hierdurch ein bedeutsamer Fortschritt in der Ausbildung des Budgetrechts geschehen ist, so bleibt dennoch der gegenwärtige Zustand ein nicht vollkommen befriedigender. Denn

a) der angeführte Allerhöchste Erlaß hat keine Gesetzeskraft; er ist weder vom Landtage genehmigt noch durch die Gesetz-Sammlung publizirt worden; er ist vielmehr eine bloße Instruktion für die Ober-Rechnungskammer und kann daher jeder Zeit ohne Zustimmung des Landtages wieder zurückgenommen oder abgeändert werden.

b) Die Monita sind beschränkt auf die Abweichungen von dem „gesetzlich festgestellten“ Staatshaushalts-Etat, worunter der in der Gesetz-Sammlung publizirte Extrakt der Kapitel- und Titelsummen verstanden wird; während wir oben den Nachweis versucht haben, daß die bindende Kraft der Etatspositionen und demgemäß das Recht des Landtages zur Kontrole in den meisten Fällen sehr viel weiter reicht.

c) Endlich enthält der Erlaß zwar die Anordnung, daß alle Erinnerungen welche bei der Rechnungsrevision 2c. aufgestellt worden sind, der Kammer vorgelegt werden sollen, aber nicht die Bestimmung, daß alle Abweichungen von dem Staatshaushalts-Etat und den demselben zu Grunde liegenden Etats und Nachweisungen zum Gegenstande einer Erinnerung gemacht werden sollen. Insbesondere werden daher alle etatswidrigen Ausgaben, welche schon vor der Rechnungsrevision durch die Ober-Rechnungskammer vermittelst Königlicher Kabinets-Ordres justifizirt worden sind, der bestehenden Instruktion gemäß von der Ober-Rechnungskammer als legitimirt erachtet und nicht weiter monirt, so daß die Kammern von allen diesen Abweichungen von dem Etat gar nichts erfahren. Aus den vorherigen Ausführungen aber ergiebt sich, daß dem Landtage sämmtliche Mehrausgaben bei den einzelnen Etatspositionen, gleichviel ob dieselben Seitens der Krone bereits justifizirt worden sind oder nicht, zur nachträglichen Genehmigung vorgelegt werden müssen. Der Landtag kann daher mit Fug und Recht verlangen, daß die Ober-Rechnungskammer amtlich verpflichtet werde, sämmtliche Etatsüberschreitungen, auch die vom Könige vor der Rechnungsrevision genehmigten, zur Kenntniß des Landtages zu bringen. So lange dieser Zustand nicht gesetzlich anerkannt ist, fehlt es dem Landtage an jeder sicheren Basis für eine Kontrole, ob der von ihm genehmigte Staatshaushalts-Etat auch wirklich inne gehalten worden ist oder nicht.

7) Noch um Vieles mangelhafter ist der Rechtszustand in Preußen in der zweiten Hinsicht, nämlich in Beziehung auf die dem Landtage zu Gebote stehenden Mittel, Minister wegen Nichtbeachtung des Etats zu belangen. Es giebt eine dreifache Verantwortlichkeit, der die Minister unterworfen sein können, die staatsrechtliche, die civilrechtliche und die allgemein strafrechtliche; dem Landtage ist die Geltendmachung aller versagt.

Die staatsrechtliche Verantwortlichkeit der Minister dem Landtage gegenüber ist im Art. 61 der Verf.-Urk. normirt. In diesem Verf.-Artikel ist das Anklagerecht der Kammer beschränkt auf die drei Fälle „des Verbrechens der Verfassungs-Verletzung, der Bestechung und des Verraths.“ Die Ueberschreitung des Etats oder die Leistung außeretatsmäßiger Ausgaben ist nicht aufgeführt. In den Landtags-Verhandlungen hat man freilich wiederholt diese Handlungen unter den Begriff der „Verfassungsverletzung“ subsumirt[39]); allein, wenn auch zugegeben werden muß, daß sich freilich Fälle denken lassen, in welchen die Leistung von Ausgaben als Verletzung des Art. 99 der Verf.-Urk. sich qualifiziren würde, so widerspricht es doch ebenso sehr dem richtigen Begriff des Budget-Gesetzes als den Regeln der logischen Interpretation, die Leistung einer jeden, im Etatsgesetz nicht vorgesehenen oder nicht in der erforderlichen Höhe vorgesehenen Ausgabe, ganz allgemein als Verfassungsverletzung zu erklären. Würde ein zukünftiges Ministerverantwortlichkeitsgesetz etwa die Minister für Etatsüberschreitungen generell verantwortlich machen, wofür sich Gründe politischer Natur wohl geltend machen ließen, so würde es in dieser Hinsicht eine Verfassungs-Aenderung involviren. So lange aber das im Art. 61 der Verfassungs-Urkunde verheißene Ministerverantwortlichkeits-Gesetz nicht zu Stande gekommen ist, bleibt die ganze Ministerverantwortlichkeit völlig illusorisch.

Die civilrechtliche Verantwortlichkeit besteht darin, daß der Minister im Wege des gewöhnlichen Civilprozesses angehalten werden kann, denjenigen Betrag, den er ohne Genehmigung des Landtages ausgegeben hat, der Staatskasse zu ersetzen. In dieser Hinsicht ist nun zu be-

---

[39]) Vgl. die Anführungen bei v. Rönne I. 1 S. 401 ff. Auch v. Rönne selbst meint S. 414 Anm., daß dies einem Bedenken nicht unterliegen könne; S. 417 Note 2 dagegen äußert er sich über dieselbe Frage weniger kategorisch und S. 420 Note 1 schließt er sich sogar geradezu der oben entwickelten Ansicht an.

merken, daß die staatsrechtlichen Vorschriften des Art. 99, welcher die Veranschlagung aller Ausgaben im Voraus in den Formen des Gesetzes vorschreibt, und des Art. 104, welcher die nachträgliche Genehmigung der Kammern zu Etats-Ueberschreitungen für erforderlich erklärt, keinen civilrechtlichen Obligationsgrund abgeben für eine Verpflichtung der Minister, alle Beträge der Staatskasse zu ersetzen, welche sie ohne Genehmigung des Landtages verausgabt haben.[40])

Eine auf Ersatz dieser Beträge gerichtete Klage müßte vielmehr als Schadensersatz-Klage begründet werden. Wenn man nun selbst annehmen wollte, was aber durchaus unzulässig ist, daß in jeder Etats-Ueberschreitung und in der Leistung jeder außeretatsmäßigen Ausgabe ohne Weiteres eine civilrechtlich verpflichtende culpa des betreffenden Ministers enthalten sei, so würde immer noch der Nachweis erforderlich bleiben, daß die Staatskasse durch Leistung dieser Ausgabe beschädigt worden ist;[41]) und in jedem Falle könnte sich der verklagte Minister seinerseits frei machen, wenn er den Nachweis der nützlichen Verwendung erbringt.[42]) Man kann aber diese civilistische Frage nach der Ersatzpflicht der Minister für nicht etatsmäßige Ausgaben ganz auf sich beruhen lassen. Denn in jedem Falle fehlt dem Landtage, und umso mehr dem Abgeordnetenhause, welches nur einen Theil des Landtages bildet, die Aktivlegitimation, pekuniäre Rechte des Fiskus im Wege der Klage vor Gericht geltend zu machen; und ebenso die Macht, die Verwaltung der General-Staats-Kasse oder eine andere, zur Klageerhebung Namens des Fiskus legitimirte Behörde zur Anstellung der Schadensersatz-Klage zu nöthigen.[43])

Die strafrechtliche Verantwortlichkeit endlich kömmt nur in Betracht, wenn der Minister eine Unterschlagung oder Veruntreuung von Staats-

---

[40]) Die entgegengesetzte Meinung vertritt v. Rönne Staatsrecht I. 1 S. 414 Anm. (3. Aufl.), ohne indeß für dieselbe einen anderen Grund anzugeben, als daß er sie für „nicht zweifelhaft" erklärt. Vgl. auch v. Mohl, Würtemb. Staatsrecht I. S. 631.

[41]) Wenn z. B. die Regierung ohne Genehmigung des Landtages ein Gebäude ankauft, dessen Werth dem dafür gezahlten Preise wirklich entspricht oder ihn vielleicht übersteigt, so ist für den Fiskus kein pekuniärer Schaden erwachsen und es kann daher auch von dem Minister kein Ersatz verlangt werden.

[42]) In den Jahren 1859 und 1860 war im Ministerium der auswärtigen Angelegenheiten ein Rath angestellt, dessen Gehalt im Etat nicht aufgeführt gewesen war. Der Minister wies die Nothwendigkeit nach, wegen der wachsenden Arbeitslast die Arbeitskräfte des Ministeriums zu vermehren und führte aus, daß die Anschaffung dieser Kräfte im Wege kommissarischer Beschäftigung von Hülfsarbeitern kostspieliger gewesen wäre als die Anstellung eines Rathes mit festem Gehalt. Der Landtag hatte auch die nützliche Verwendung des diesem Beamten gezahlten Gehaltes im Interesse der Staatsverwaltung anerkannt. Dessenungeachtet wurden in der Budget-Kommission des Abgeordnetenhauses von 1866—67 bei Prüfung der allgemeinen Rechnung der Jahre 1859, 1860 u. fg. Stimmen laut, welche die Einziehung der gezahlten Beträge von dem Minister im Wege des Civilprozesses befürworteten. Indeß wurde dieser Schritt, der zu dem erwarteten Resultat sicherlich nicht geführt hätte, von der Mehrheit abgelehnt. Vgl. den Bericht in den Drucksachen des Abgeordnetenhauses IX. Legislatur-Periode I. Session 1866 Bd. III. Nr. 178 S. 2. 3.

[43]) Vgl. Zachariä Staatsrecht II. §. 223 (3. Aufl, S. 524). v. Gerber, Grundzüge §. 51 Note 3 (2. Aufl. S. 161).

geldern begangen haben sollte. Eine Etats-Ueberschreitung hat mit einem solchen Amtsverbrechen durchaus Nichts gemein; die Satzungen des Strafgesetzbuches können daher auch keinen Schutz für Beobachtung der durch den Etat gezogenen Schranken bilden. Sollte aber einmal der unerhörte und höchst unwahrscheinliche Fall eintreten, daß ein Preußischer Minister Staatsgelder im persönlichen pekuniären Interesse verwenden würde, so wäre selbst dann der Preuß. Landtag rechtlich machtlos, da die gegenwärtig geltende Gesetzgebung der vom Ministerium allein abhängigen Staats-Anwaltschaft das ausschließliche Anklagemonopol im Strafprozeß verliehen hat.

Der Landtag ist daher einzig und allein darauf beschränkt, die Genehmigung für Etats-Ueberschreitungen und außeretatsmäßige Ausgaben zu verweigern und die Entlastung der Staatsregierung zu versagen. Die Nichtertheilung der Decharge mag für die Regierung unerfreulich sein; praktische Folgen sind aber damit nicht verknüpft und schließlich findet sich vielleicht das Ministerium darein, die Entlastung Seitens des Landtages oder eines der beiden Häuser desselben zu entbehren.

X.

Es bleibt nun noch übrig festzustellen, welche staatsrechtlichen Wirkungen das Nichtzustandekommen des Budget-Gesetzes hat. Die Meinungsverschiedenheit, welche zur Zeit des sogen. Verfassungs-Konflikts zwischen der Regierung und dem Landtage hinsichtlich der Beantwortung dieser Frage hervorgetreten ist, hat derselben eine ungewöhnliche politische Bedeutung verliehen, und nicht blos Politiker, sondern selbst hervorragende Kenner des Staatsrechts, wie z. B. v. Rönne,[44]) bezeichnen die Lösung derselben, obschon sehr mit Unrecht, als „den Kernpunkt des gesammten Verfassungs-Rechtes."

Bekanntlich schreibt die Preuß. Verf.-Urk. im Art. 99 zwar vor, daß alle Einnahmen und Ausgaben des Staates für jedes Jahr im Voraus veranschlagt und auf den Staatshaushalts-Etat gebracht werden müssen, und daß letzterer jährlich durch ein Gesetz festgestellt werden soll, sie erfordert also ein Einverständniß zwischen der Krone, dem Abgeordnetenhause und dem Herrenhause; es findet sich in ihr aber keine Bestimmung für den Fall, daß dieses Einverständniß nicht erzielt werde. Da nun aber die Möglichkeit eines solchen Falles vorhanden ist, so enthält die Verfassungs-Urkunde unzweifelhaft eine Lücke, so sehr man sich auch gesträubt hat, dies zuzugestehen.

Eine Lücke in der Verfassungs-Urkunde aber darf man nicht verwechseln mit einer Lücke in der Staatsverfassung. Die letztere ist ein undenkbarer Begriff; Gesetze können lückenhaft sein, die Rechtsordnung selbst aber kann ebenso wenig eine Lücke haben, wie die Ordnung der Natur.[45])

---

[44]) 3. Aufl. Bd. I. Abth. 1 S. 398 (§. 65 I. 8.)

[45]) Sehr richtig äußert sich in dieser Beziehung v. Rönne I. 1 S. 414 Note 2 (3. Aufl.).

Man ist in nicht juristischen Kreisen leicht zu dem Irrthum geneigt, einen Rechtssatz als nicht vorhanden anzusehen, wenn er nicht in einem Gesetz ausgesprochen ist, und die ganze Aufgabe der Jurisprudenz in der Wortauslegung der Gesetze beschlossen zu sehen, ohne zu erkennen, daß es oft ein fast bedeutungsloser Zufall sein kann, ob ein gewisser Rechtssatz durch ein Gesetz formulirt ist oder nicht.

Die Lückenhaftigkeit der Verfassungs-Urkunde nöthigt vielmehr nur dazu, die Entscheidung der streitigen Frage aus allgemeineren Rechtsprinzipien abzuleiten, und hierbei kann es allerdings, wie bei allen logischen Operationen, vorkommen, daß man zu falschen Resultaten gelangt, weil man einen falschen Ausgangspunkt genommen oder sich eines falschen Schlusses bedient hat. Demnach müssen alle Theorien zu einem unrichtigen und unbrauchbaren Resultat führen, welche von einer unrichtigen Auffassung der staatsrechtlichen Natur des sogen. Budget-Gesetzes ausgehen.

Geht man von der Vorstellung aus, daß das Budget-Gesetz die alleinige und ausschließliche gesetzliche Grundlage für die Finanzwirthschaft sei, daß nur durch das Budget-Gesetz die Minister staatsrechtlich ermächtigt werden, Ausgaben zu leisten, so kommt man folgerichtig zu dem Resultat, daß, wenn ein Budget-Gesetz nicht zu Stande kommt, die Regierung gar keine Ausgabe zu leisten befugt sei.

Diese Ansicht ist die bisher fast ausschließlich herrschende. Bei den Revisionsberathungen der Preuß. Verfassung stehen sämmtliche Redner, auch die der Rechten, auf diesem Standpunkte, mit alleiniger Ausnahme des damaligen Abgeordn. v. Bismarck-Schönhausen;[46]) von ihr gingen ferner fast alle Deduktionen der Stimmführer des Abgeordnetenhauses und der Presse in der Konfliktszeit aus und sie zählt viele Anhänger auch in der wissenschaftlichen Literatur.[47])

Ihre Unrichtigkeit, welche sich von selbst ergiebt, wenn man von dem von uns entwickelten Begriff des Budgets ausgeht, erprobt sich an ihrer Undurchführbarkeit und ihren absurden Konsequenzen.

Zunächst begründet sie einen unlöslichen Konflikt zwischen den Grundsätzen des Civilrechts und des Staatsrechts.

Civilrechtlich ist der Fiskus verpflichtet, die Zinsen und Tilgungssummen der Staatsschulden, die Krondotation, die Gehälter und Pensio-

---

[46]) Eine gute Zusammenstellung der Bemerkungen über diese Frage, welche sich in jenen Verhandlungen finden, enthält die Denkschrift über das verfassungsmäßige Budgetrecht des Hauses der Abgeordneten vom Abg. Reichensperger vom 22. Januar 1866 (Stenogr. Berichte der Verhandlungen des Abgeordnetenhauses. 1866. Anlagen Nr. 20.).

[47]) Am ausführlichsten wird diese Theorie vertheidigt von v. Rönne, Staatsrecht der Preußischen Monarchie I. 1 §. 65 Nr. 8 (3. Aufl. S. 398 fg.). Ausdrücklich stimmt ihm zu Zachariä, Deutsches Staatsrecht II. §. 224 Note 7 (3. Aufl. S. 529). Selbst Fricker, dessen öfters citirte Abhandlung im 17. Bande der Zeitschrift für die gesammte Staatswissenschaft im Uebrigen von den richtigen Gesichtspunkten ausgeht und zu dem Besten gehört, was in der ganzen deutschen Rechtsliteratur über das Budgetrecht geschrieben worden ist, glaubt a. a. O. S. 687 v. Rönne beistimmen zu müssen, weil Fricker den Doppelsinn übersieht, den das Wort „Gesetz" in der Preußischen Verfassungs-Urkunde hat.

nen der Beamten auszuzahlen und sehr viele andere Zahlungen zu leisten. Staatsrechtlich wäre das Ministerium, falls das Budget-Gesetz nicht zu Stande gekommen ist, nicht befugt, diese Geldsummen zur Auszahlung anzuweisen; es müßte daher alle Zinsen, Gehaltsraten u. s. w. zurückbehalten, es aber ruhig geschehen lassen, daß die sämmtlichen Gläubiger den Fiskus verklagen und ihre Forderungen im Wege der Exekution gegen die General-Staatskasse eintreiben.

Dies ist aber noch die günstigste Seite des Bildes. Denn soweit auf diesem Wege, Zahlungen nicht erzwungen werden, müßte der Staat, so zu sagen, in seinem Fett ersticken. Alle Steuern und Zölle werden ja nach der ausdrücklichen Bestimmung des Art. 109 der Verf.-Urk. forterhoben, gleichviel ob ein Etats-Gesetz erlassen worden ist oder nicht; alle Erträge der Domainen und Forsten, der industriellen Staatsinstitute u. s. w. fließen nach wie vor in die Staatskasse. Von allen diesen ungeheuren Summen dürfte aber nichts ausgegeben werden, sie müßten in der Generalstaatskasse liegen bleiben, die nach wenigen Jahren das Depot des gesammten baaren Vermögens des ganzen Volkes sein würde. Wäre die vielgepriesene Theorie auch nur wenige Jahre durchführbar, so wäre der soziale Ruin der Nation das unausbleibliche Resultat.

In Wirklichkeit aber ist die Theorie gar nicht, auch nicht den Bruchtheil eines Jahres hindurch, praktisch durchzuführen. Denn sie bedeutet den Stillstand der Staatsthätigkeit, die Auflösung und Desorganisirung des Staates. Keine Ausgaben aus der Staatskasse leisten zu dürfen, ist gleichbedeutend mit Schließung aller Gerichte und Verwaltungsämter, Entlassung der Armee, Leerung der Gefängnisse, Aufhebung aller staatlichen Bildungsanstalten, Einziehung aller Gesandtschaften u. s. w., kurz Annullirung des Staates, Etablirung eines staatlosen Zustandes. Es kann aber keinen Grundsatz des Staatsrechts geben, der zur Beseitigung des Staates selbst führt; denn die Erhaltung und gedeihliche Entwicklung des Staates ist das oberste gemeinsame Prinzip aller Staatswissenschaften, insbesondere des Staatsrechts.

Auch die Existenz des norddeutschen Bundes ist durch die in Rede stehende Theorie gefährdet. Die Bundes-Ausgaben werden zum größten Theile durch Matrikular-Beiträge der Einzelstaaten gedeckt. Diese Beiträge sind Ausgaben, welche die Einzelstaaten an die Bundeskasse zu leisten haben. Wären die Regierungen der einzelnen Staaten nicht ermächtigt, diese Ausgaben zu leisten, wenn dieselben nicht in das Etatsgesetz des betreffenden Staates aufgenommen sind, so wäre die Existenz des Bundes nicht nur von dem alljährlichen Zustandekommen des Bundeshaushalts-Gesetzes, sondern auch von dem Zustandekommen der Etats-Gesetze aller einzelnen Bundesstaaten abhängig und der Preuß. Landtag wäre in der Lage, durch Verweigerung der Matrikular-Beiträge und Verwerfung des Preußischen Budget-Gesetzes einen Theil der vom Bundesrath und Reichstag genehmigten Bundes-Ausgaben, wenigstens thatsächlich zu inhibiren, resp. die Bundesbehörden zur Eintreibung der Matrikular-Beiträge im Wege der Bundesexekution zu nöthigen.

Diese Einsicht, daß die Verfassung keinen Rechtssatz involviren kann, der den Selbstmord des Staates bedeutet, nöthigte die Anhänger der bekämpften Theorie zur Aufstellung des ferneren Satzes, daß die Regierung den Etat in der Gestalt genehmigen und der Krone zur Sanktion unterbreiten müsse, wie er aus den Beschlüssen des Abgeordnetenhauses hervorgegangen ist. Da der Staat ohne Ausgaben nicht bestehen könne, die Regierung aber ohne Budget-Gesetz keine Ausgabe leisten dürfe, so müsse die Regierung unter allen Umständen für das Zustandekommen eines Etats-Gesetzes Sorge tragen. Der Art. 99 der Verf.-Urk. lege der Regierung nicht nur die Pflicht auf, den Entwurf eines Etats-Gesetzes dem Landtage alljährlich vorzulegen, sondern den Erlaß eines Gesetzes, das den Etat feststellt, zu bewirken.

Auch diese Theorie ist aber völlig unhaltbar, denn sie legt der Regierung eine, in vielen Fällen unmögliche Verpflichtung auf, und sie stößt die Fundamental-Grundsätze des konstitutionellen Staatsrechtes um.

Selbst wenn die Regierung bereit ist, sich allen Beschlüssen des Abgeordnetenhauses widerstandslos zu fügen, liegt es nicht in ihrer Macht, für das Zustandekommen eines Etats-Gesetzes einzustehen. Zur Feststellung des Etats im Wege der Gesetzgebung genügt ja nicht die Uebereinstimmung der Regierung und des Abgeordnetenhauses, sondern es ist auch die Zustimmung des Herrenhauses erforderlich. Es giebt aber in Preußen kein staatsrechtliches Mittel, um das Herrenhaus zur Ertheilung dieser Zustimmung zu zwingen.[48]) An dieser Klippe kann daher die Feststellung des Etats durch Gesetz scheitern, wenngleich Abgeordnetenhaus und Regierung sich geeinigt haben.

Es kann ferner das Abgeordnetenhaus selbst das Zustandekommen des Etats-Gesetzes unmöglich machen. Es ist eine durchaus willkührliche Annahme, daß das Abgeordnetenhaus jedenfalls den, aus seinen eigenen Berathungen hervorgegangenen Etats-Entwurf genehmigen werde. Sehr bezeichnend dafür ist eine aus der Mitte des Hauses selbst hervorgegangene Bemerkung. In einem Kommissions-Bericht des Abgeordnetenhauses von 1862[49]) heißt es wörtlich:

> „Der Fall ist sehr wohl denkbar, daß eine Majorität sämmtliche einzelnen Titel des Etats genehmigt, weil sie überzeugt ist, daß zur ordnungsmäßigen Führung der Verwaltung für diese Ausgaben eine so hohe Summe, wie verlangt, oder eine so mäßige, wie durch die Berathung festgestellt ist, für erforderlich zu erachten, daß sie aber zum Schluß den ganzen Etat nicht genehmigt, weil sie die Leistung der Ausgaben andern Händen anvertraut zu sehen wünscht."

Eben so wohl denkbar ist der Fall, daß die Partei-Verhältnisse im Abgeordnetenhause derartig gestaltet sind, daß bei den Beschlüssen über einige Titel des Etats der einen, bei andern Titeln der andern Partei der Sieg zufällt, und daß gerade aus diesem Grunde bei der

---

[48]) Man pflegt zwar auf die Möglichkeit eines sogenannten Pairsschubes hinzuweisen; indeß zur Vornahme eines solchen Aktes besteht für die Krone keine rechtliche Verpflichtung und noch weniger giebt es einen Rechtssatz, welcher dafür bürgt, daß diese Maßregel den gewünschten Erfolg hat.

[49]) Drucksachen VII. Legislatur-Periode I. Session Bd. 2. Nr. 78 S. 3 a. E.

schließlichen Abstimmung über den ganzen Etat beide Parteien den aus der Berathung hervorgegangenen Entwurf verwerfen.

Sodann muß man festhalten, daß es sich keineswegs blos um den Fall einer definitiven Verwerfung des Etats handelt. Auch die bloße Verzögerung des Zustandekommens würde die Existenz des Staates bedrohen, da die Regierung ohne die Möglichkeit, Ausgaben zu leisten, auch nicht eine Woche geführt werden kann. Wie kann die Regierung aber dafür verantwortlich gemacht werden, daß beide Häuser des Landtages die Budgetberathung vor dem Beginn des neuen Jahres zu Ende führen? Wie leicht können politische Gründe das Abgeordnetenhaus bestimmen, die Berathung des Etats bis nach der Erledigung anderer Angelegenheiten zu vertagen oder eine zu weit getriebene Gründlichkeit oder Weitschweifigkeit der Diskussion eine erhebliche Ueberschreitung des für die Etatsberathung in Aussicht genommenen Zeitraums verschulden!

In solchen und ähnlichen Fällen ist die Regierung außer aller Schuld, wenn das Etats-Gesetz gar nicht oder nicht rechtzeitig zu Stande kömmt und die in Rede stehende Theorie bietet daher gar keinen wirksamen Schutz gegen das Eintreten jener heillosen Folgen, die sie mit dem Nichtzustandekommen des Etatsgesetzes verknüpft. Abgesehen hiervon aber enthält die Zumuthung an die Regierung, sich den Beschlüssen des Abgeordnetenhauses bei der Etatsberathung willenlos zu fügen, die gröbste Verletzung des in Art. 62 der Verf.-Urk. ausgesprochenen konstitutionellen Prinzips, daß die freie Uebereinstimmung des Königs und beider Kammern zu jedem Gesetze erforderlich ist. So wenig für den Landtag ein rechtlicher Zwang vorliegt, den von der Regierung vorgelegten Etats-Entwurf zu genehmigen, ebenso wenig besteht eine rechtliche Verpflichtung der Regierung, die vom Abgeordnetenhause daran vorgenommenen Abänderungen sich gefallen zu lassen. Das oft als Auskunftsmittel hingestellte Verlangen, daß beide Theile sich nachgiebig entgegenkommen und die Streitpunkte durch Kompromisse erledigen sollen, ist nur ein Gebot der Politik, kein juristisch brauchbarer Satz des Staatsrechts. Es handelt sich eben um den Fall, daß einer von beiden Theilen oder beide durch das Maß der Forderungen oder durch die Hartnäckigkeit des Festhaltens an denselben einen Ausgleich unmöglich machen.

Für das Abgeordnetenhaus würde es überdies an jedem wirksamen Motive zur Nachgiebigkeit fehlen, wenn das Ministerium verpflichtet wäre, den Etat schließlich doch so zu acceptiren, wie ihn das Abgeordnetenhaus festgestellt hat. Die Theorie würde im praktischen Resultat den vollendetsten Parlamentarismus etabliren; die Majorität des Abgeordnetenhauses würde in Wirklichkeit ganz souverän den Staatshaushalts-Etat festsetzen, und damit die gesammte Verwaltung sich unterwerfen. Armee, Gerichts-Organisation, Aemter-Verfassung u. s. w. würden alljährlich von der Willkühr der Majorität des Abgeordnetenhauses abhängen und alle Gesetze, alle Staatseinrichtungen würden immer nur unter der Suspensiv-Bedingung zu Stande kommen, daß sie einmal dem

Abgeordnetenhause mißfallen und dasselbe bei der Feststellung des Etats ihre Durchführung inhibirt.[50])

Ebenso unhaltbar wie die dargestellte Theorie, welcher die Majorität des Abgeordnetenhauses in der sogenannten Konfliktszeit huldigte, ist die von Mitgliedern der entgegengesetzten Partei und der Regierung aufgestellte Ansicht, daß, wenn kein Budget-Gesetz zu Stande kömmt, die unbeschränkte Machtvollkommenheit des Königs eintrete. Die Vertreter dieser Ansicht gehen behufs Ausfüllung der Verfassungslücke von dem Grundsatz aus, daß die Machtbefugnisse der Krone überall in dem Umfange, den sie vor Einführung der konstitutionellen Staatsform hatten, fortdauern, so weit sie nicht durch die Verfassungs-Urkunde ausdrücklich beschränkt sind. Da nun vor Einführung der Verfassung der König die Machtvollkommenheit hatte, allein über die Feststellung des Etats zu befinden, die Verfassungs-Urkunde aber für den Fall, daß über den Etat die Uebereinstimmung der Krone und des Landtags nicht erzielt wird, keine Bestimmung enthalte, so habe der König in diesem Falle auch jetzt noch die Befugniß, den Etat ohne Mitwirkung des Landtages festzustellen.[51])

Allein die Vorschrift der Verfassung, daß der Etat jährlich durch Gesetz festgestellt wird, hat, wie wir im ersten Kapitel bereits ausgeführt haben, den Sinn, daß das Recht des Königs, ihn ausschließlich festzustellen, verfassungsmäßig aufgehoben ist. Die Genehmigung des Etats durch Königl. Verordnung ist ohne Einschränkung und für alle Fälle als staatsrechtlich unzulässig erklärt.

Nach der besprochenen Ansicht wäre es lediglich in das freie Belieben der Krone gestellt, den Etat entweder mit Genehmigung des Landtages in Form eines Gesetzes, oder ohne diese Genehmigung eigenmächtig festzusetzen, da der König nicht genöthigt werden kann, das vom Landtage beschlossene Etatsgesetz zu sanktioniren. Dem König würde durch die Vorschrift des Art. 99 Abs. 2 lediglich der Versuch zur Pflicht gemacht sein, dem Landtage den Etat zur Genehmigung vorzulegen; mißglückt dieser Versuch aber, weil das Abgeordnetenhaus an irgend einem

---

[50]) Fricker, Zeitschrift für Staatswissenschaft Bd. 17 S. 647 sagt: Wäre der Sinn der Mitwirkung der Stände zur Etatsberathung der, daß keine Ausgabe oder Einnahme ohne Zustimmung der den Etat berathenden Stände zulässig wäre, so würden sämmtliche Gesetze, soweit sie zu Einnahmen oder Ausgaben führen, nur vorläufige sein, die, um zu wirklicher Existenz und Anwendung zu gelangen, noch der Aufnahme in den Etat bedürften und nur je auf die Dauer einer Etatsperiode Leben und Geltung erhielten. Niemand zweifelt daran, daß eine solche Behauptung nur mit vollständiger Verkennung des Verhältnisses von Gesetzgebung und Budget aufgestellt werden könnte. Gneist Budget und Gesetz nach dem konstit. Staatsrecht Englands. Berl. 1867 und im zweiten Bande seines Engl. Verwaltungsrechts zeigt, daß auch in England, dem parlamentarischen Musterstaat, jenes natürliche und logische Verhältniß von Gesetzgebung und Budget nicht in sein Gegentheil verzerrt worden ist.

[51]) Diese Ansicht ist insbesondere vom Abg. von Kleist-Retzow in der Sitzung der II. Kammer vom 24. Februar 1851 (Sten. Ber. S. 336) und vom Minister-Präsidenten von Bismarck-Schönhausen in den Sitzungen der Budget-Kommission vom 30. September 1862 und in der Sitzung des Abgeordnetenhauses vom 27. Januar 1863 entwickelt worden.

Punkte Abänderungen beschließt, so wäre die Krone von jeder ferneren Mitwirkung des Landtags bei Feststellung des Etats emanzipirt. Wäre die einseitige Feststellung des Etats durch Verordnung der Krone zulässig und von rechtlicher Wirksamkeit, so wären die Worte der Verf.

der Staatshaushalts-Etats wird jährlich durch ein Gesetz festgestellt

nur mit der Einschränkung zu verstehen, wenn es die Krone nicht vorzieht, den Etat durch Verordnung festzustellen. Sie hätten daher in Wahrheit den Sinn

der Staatshaushalts-Etat braucht nicht jährlich durch ein Gesetz festgestellt zu werden.

Man gelangt daher zu einer Interpretation, die im strikten Gegensatz zum Wortlaut der Verfassung steht.

Alle Schwierigkeiten der anscheinend verwickelten Frage lösen sich jedoch, wenn man von dem richtigen Grundprinzip ausgeht, daß das Etatsgesetz eben so wenig für Leistung der Ausgaben wie für Erhebung der Einnahmen „die gesetzliche Grundlage" bildet, sondern lediglich das Einverständniß zwischen Regierung und Landtag über die Richtigkeit des Voranschlags und über die Nothwendigkeit und Angemessenheit der aufgeführten Summen konstatirt. Die gesetzliche Grundlage zur Leistung der Ausgaben ist hinsichtlich der weit überwiegenden Mehrheit derselben auch ohne Etat vorhanden. Das Nichtzustandekommen des Etatsgesetzes legt daher keineswegs einen Arrest auf alle Staatsgelder. Aber das Ministerium bleibt hinsichtlich jeder einzelnen Ausgabe verantwortlich; es muß dem Landtage gegenüber den Nachweis führen, daß sie an sich und in der bestimmten Höhe durch die Gesetze oder das Staatswohl erfordert worden ist. Die rechtliche Stellung der Regierung ist daher bei nicht zu Stande gekommenem Etatsgesetze hinsichtlich der gesammten Staatsausgaben eine ähnliche, wie bei zu Stande gekommenem Etatsgesetze hinsichtlich der Etats-Ueberschreitungen und außeretatsmäßigen Ausgaben.

Weder tritt eine Auflösung des Staates und eine Unterbrechung aller Lebensfunktionen desselben durch das Nichtvorhandensein eines Budgetgesetzes ein, noch hat die Krone die Befugniß, durch einseitige Verordnung die Pflicht ihrer Minister, für alle Staatsausgaben die Genehmigung des Landtages einholen zu müssen, aufzuheben; sondern die Befugniß der Regierung, Staatsausgaben zu leisten, dauert fort, und die Pflicht, für diese Ausgaben die Genehmigung des Landtages zu erlangen, dauert ebenfalls fort.

Die Ertheilung dieser Genehmigung ist auch keineswegs ein parlamentarischer Gnadenakt. Dieselben, oben von uns entwickelten, Grundsätze, welche bei der Berathung des Etats dem Streichungsrecht des Abgeordnetenhauses Grenzen ziehen, und welche für die Prüfung und Genehmigung der Etats-Ueberschreitungen zur Richtschnur dienen, involviren für den Landtag die rechtliche Pflicht, bei der Prüfung einer ohne Etatsgesetz führten Verwaltung alle diejenigen Ausgaben zu genehmigen, die er aus dem Voranschlage nicht hätte streichen dürfen. Dabei ist nochmals daran zu erinnern, daß Ausgaben, welche der Landtag einmal dauernd bewilligt hat, er später nicht einseitig, d. h. ohne Zustimmung der Regierung, streichen darf.

Der Fall, daß die Regierung die Finanzverwaltung ohne Etatsgesetz führen muß, ist bekanntlich in Preußen sehr häufig vorgekommen, da erst in den letzten Jahren es ein Paar Mal geglückt ist, das Etatsgesetz vor Beginn des Verwaltungsjahres zu Stande zu bringen. Die Regierung mußte sich daher gleich nach Einführung der Verfassung darüber schlüssig machen, wie es in dem Fall zu halten sei, daß das Etatsgesetz nicht rechtzeitig zu Stande gekommen ist. Mit dem durch das politische Bedürfniß geschärften und geleiteten sicheren Blick hat die Regierung sofort den richtigen Grundsatz gefunden und denselben in einem Ministerial-Beschluß vom 16. Dezember 1850 in folgender Weise formulirt:

1) Diejenigen Ausgaben der laufenden Verwaltung (Ordinarium), welche aus dem letzten, durch Gesetz festgestellten Staatshaushalts-Etat unverändert in den neuen Etatsentwurf übergegangen sind, können ohne besonderen Nachweis ihrer Nothwendigkeit sofort zahlbar gemacht werden.
2) Alle übrigen in den neuen Etats-Entwurf vorläufig übernommenen Ausgaben, also namentlich die der laufenden Verwaltung (Ordinarium) angehörigen Ausgabe-Erhöhungen und alle zur Bestreitung außerordentlicher Bedürfnisse bestimmten Ausgabefonds (Extraordinarium) dürfen nur dann angewiesen werden, wenn entweder eine rechtliche Verpflichtung zur Zahlung besteht, oder die Ausgabe nach dem Ermessen des Verwaltungschefs, ohne Gefahr für den geregelten Gang der Verwaltung oder für andere wichtige Staats-Interessen, nicht ausgesetzt werden kann.

Später, im Jahre 1860, erklärte der Finanz-Minister v. Patow, diesen Ministerialbeschluß erläuternd:

„Genehmigte dauernde Ausgaben werden fortgeleistet; etwa nothwendig befundene Stellen werden zunächst höchstens kommissarisch verwaltet, nicht aber definitiv besetzt; außerordentliche Ausgaben dagegen nicht geleistet, bevor sie genehmigt seien."

Diese Grundsätze entsprechen nicht nur dem unabweisbaren praktischen Bedürfnisse, sondern im Wesentlichen auch den theoretischen Sätzen, welche sich aus der wahren Natur des Budgetrechts ergeben. Von den Anhängern der herrschenden Theorie ist der Ministerialbeschluß natürlich als ketzerisch mit dem Anathem belegt und in den Kammerverhandlungen ist er wiederholt als verfassungswidrig angegriffen worden.[52])

---

[52]) Zuerst schon in der Sitzung der II. Kammer vom 24. Februar 1851, indem der Abg. Simson seinen Antrag vertheidigte, den Ministerial-Beschluß für gesetzwidrig zu erklären. Derselbe Abgeordnete äußerte sich noch energischer im Jahre 1865 (Stenogr. Ber. des Abgeordnetenhauses Bd. II. S. 1125) über denselben Gegenstand: „Die Berechtigung der Regierung, zu zahlen, Staatsmittel zu verwenden, auch an unbestrittene oder unbestreitbare Staatsgläubiger zu zahlen, ruht lediglich auf dem Staatshaushalts-Gesetze, welches in diesem Betracht durch Nichts in der Welt zu vertreten ist, auch durch kein anderes Gesetz, so wenig, als durch Einzelbewilligung einer einzelnen Ausgabe-Position in dem Etat."

Bei Erledigung des Verfassungskonflikts ist allerdings auch von Seiten der Regierung die falsche theoretische Anschauung, daß das Etatsgesetz die alleinige und unerläßliche gesetzliche Grundlage für alle Ausgaben des Staates sei, geäußert worden,[53]) und in Uebereinstimmung damit erklärten in der Landtagssession von 1866/67 der Regierungs-Kommissarius, Geh. Oberfinanzrath Mölle in der Kommissions-Sitzung,[54]) und der Regierungs-Kommissarius, Geh. Ober-Finanzrath Wollny in der Sitzung des Abgeordnetenhauses vom 25. Januar 1867[55])

„Der Standpunkt des Staats-Ministerial-Beschlusses vom 16. Dezember 1850 sei von der Königl. Staatsregierung verlassen."

Indeß in der Wirklichkeit kann die Regierung gar nicht anders, als ihn doch thatsächlich befolgen. Die Vertreter der entgegengesetzten Theorie bewegen sich unentrinnbar im Kreise. Sie schreien unaufhörlich: ein Etatsgesetz muß rechtzeitig zu Stande kommen, und sind taub für die Darlegung, daß dies, selbst bei dem besten Willen aller mitwirkenden Faktoren, thatsächlich unmöglich sein kann. Jede Regierung, gleichviel welcher Parteirichtung sie angehört, wird, wenn der Fall eintritt, daß sie am Beginn des Jahres kein Etatsgesetz hat, durch das unabweisbare Bedürfniß genöthigt werden, alle konstitutionellen Theorien auf sich beruhen zu lassen und sich zu den treffenden Worten des Grafen von Bismark-Schönhausen[56]) zu bekennen:

„Für das Ministerium sei die Nothwendigkeit allein maßgebend, daß der Staat existiren müsse, und daß man es nicht darauf ankommen lassen könne, was daraus werde, wenn man die Kassen schließe."

---

[53]) Vgl. die Königl. Thronrede vom 5. August 1866 und die Motive zu dem sogen. Indemnitäts-Gesetz-Entwurf (Verhandlungen des Abgeordnetenhauses 1866/67 Anl.-Bd. I. Nr 16).

[54]) Anl.-Bd. III. Nr. 167 S. 740.

[55]) Stenogr. Berichte Bd. III. S. 1677.

[56]) In der Sitzung des Abgeordnetenhauses vom 27. Januar 1863.

Druck von Eduard Weinberg in Berlin.